態變

態度改變行為，行為改變世界

編序 PREFACE

這是個人人忙碌的世代！

人們總是在忙，卻不知為何而忙；

總是在抱怨，卻不知道如何改善；

總是在奢望幸福，卻從未積極追尋，

因為在我們的潛意識裡總是準備了很多的藉口正伺機為我們解圍！

辦事有成敗、比賽看結果，失敗的群體中有95％的人都說：「我已經盡力了！」然而，盡過力真的就夠了？過程比結果還重要？你真的不在乎「成敗」與「結果」嗎？

相信答案是否定的！世界上每個人都渴望成功！不論這個成功的代名詞是「快樂」或是「幸福」還是「名利」，要獲得這些，你就不能永遠無知、消極被動老是期待盼望有人來推你一把，或是抱著「得之我幸、不得我命」的半調子心態！

積極主動的心態是關鍵！態度改變行為，行為改變世界，你的世界將由你的態度所掌控。改變心態，將你的目標具體量化，讓你的夢想真切落實——

這，才是人生的真滋味！這，才是所有辛勤過程的真正意義！

態變——羽化——重生

祝福你

二〇一三年春，於台北

目錄 CONTENTS

CHAPTER
THREE

事半功倍的「溝通技巧」 093

CHAPTER FOUR

CHAPTER FIVE

CHAPTER SIX

愛情生活中的「幸福小語」 223

1 CHAPTER ONE 體現成果的「表面功夫」

價值百萬的外在形象

形象是你吸引別人的第一要素。

一個良好的形象能夠讓更多的人關注你，而一個糟糕的形象會顯得你沒有任何價值。在人際交往中，對一個人的形象往往容易產生先入為主的看法。一旦在形象上給人留下不好的、錯誤的印象，勢必會給接下來的交往造成很大的障礙。

所以，一定要學會包裝自己，給人眼前一亮的感覺，以便順利地談生意、交朋友。

有些人見面往往一見如故，而有些人見面卻彼此總提不起興趣，這是為什麼？

這就是形象的區別。在「先敬羅衣後敬人」的現代社會，一定要充分包裝自己，給別人留下有價值的第一印象。事實上，雙方都會把對方留下的第一印象作為今後交往的起點。

二〇〇二年，英國進行選舉，反對黨領袖伊恩．史密斯準備競逐首相。本來，很多官員和民眾都支持他競選。但在一次採訪中，史密斯目光茫然，說話有氣無力，穿著也非常凌亂。

記者問他：「你認為自己能出任下一屆首相嗎？」史密斯目光下垂，猶豫了一下說：「是的，我可以，我需要努力爭取。」這話聽起來，完全缺乏自信。

當那些支持伊恩．史密斯的民眾和官員看到他如此的形象之後，對他非常不滿：「他都不相信自己能成為首相，讓我們如何相信他呢？」

因此很多官員倒向他的競爭對手，使他失去了這次選舉機會——不注重自己的形象，讓史密斯給大家留下「沒自信」的印象，大家因此變得不信任他、不支持他。

「好的開始是成功的一半」，一個人想得到別人的青睞，就必須善於包裝自己，塑造出「受人歡迎」的形象。如果你是一名公司職員，良好的形象有助於獲得升遷；如果你是一名推銷人員，良好的形象有助於達成交易；如果你是一名管理者或老闆，良好的形象則有助於提高你在公司中的影響力。

因此，我們要學會包裝自己。

那麼，關於包裝自己，我們又要注意什麼呢？

首先，注意你的儀表。

社會心理學家認為，在公眾場合，大多數人總是會趨近衣著整潔、儀表大方，或衣著略優於自己的人。如果你不修邊幅、骯髒邋遢，誰都不會願意親近你。包裝自己，一定是從穿著開始。為獲得良好的初次印象，穿著上必須注意身份和場合。

總體來說，穿著要與自身相符，既要與自己的職業、身份、傳統風俗等社會因素相合，也要與自己的身材、相貌、性格、氣質、膚色、年齡等自然因素配合。沒有最好的穿著，只有最合適的穿著。只要你穿著得體，就能給你的形象加分。

其次，注意你的臉部表情與眼神。

一般來說，與人交談時面帶笑容、聽人說話時表現出專注神情，都能為你帶來不錯的形象。表情不僅可以充分展示人格和修養，還可以彌補自身的先天不足，掩蓋自己的後天缺點。真誠的微笑，往往能給人留下良好的印象。

兩個人見面時，即使沒有開口說話，從目光上就可以判斷出心理優勢的一方。在與人接觸時，要善於有效地運用自己的視線，學會瞭解對方視線的含義，並且隨時調整自己的視線，以免破壞你的形象。

再次，注意你的談吐。

良好的談吐也是包裝自己的重要部分，你需要分析自己的聲音，研究自己的聲音效果：說話的速度、聲音大小、音質和口齒清晰度等特點，與說話方式、說話內容同等重要。該說什麼、不該說什麼，如何使用得體的稱呼，這些都能體現出你談吐的水準，更會直接影響到你的形象。

最後，注意你的行為舉止。

行為動作是體現一個人形象、氣質、修養的表現。

一般來說，男性的舉止講究瀟灑、大方，女性的舉止注重優雅、含蓄。與人接觸時，要有分寸地握手，既得體，又表現熱情、開朗的形象。

初次相識時，就必須注意一些行為動作的意涵，例如：遠離他人講話，表示在心理上和對方有距離；目光游離，則表明不把他人放在心上。

想要塑造良好的形象，必須時刻注意自己的一舉一動。有句名言：「你可以先裝扮成『那個樣子』，直到你成為『那個樣子』。」要想成為一個受人歡迎的人，首先就要學會包裝自己，表現出良好的形象。從這個意義上來說，能否塑造一個有利的形象，將是影響你今後發展的關鍵，也決定了你能否擁有更大的資本。

適度自抬身價，讓人另眼相看

在這個競爭激烈的社會，要想出人頭地，在必要的時候要學會「自抬身價」。俗話說：「老王賣瓜，自賣自誇。」適度抬高自己的身價，別人就會對你另眼相看，也就願意與你來往。因為每個人都希望能與能力強於自己的人交往，也樂意和價值高於自己的人交往。

在和別人交往的時候，我們要在自己真實能力的基礎上，適當地美化一點、誇大一點，你必須讓對方認識到，你具有與他匹配的身價，你們彼此可以形成利益共同體的關係；若非如此，你是很難贏得旁人關注的。

當你與一個陌生人接觸的時候，不妨適度自抬身價，讓對方樂於和你打交道。

戰國時期，在魏國很不如意的周趮決定前往齊國，期望在那裡做官。可是他的名聲不夠，怕得不到齊王賞識，更不用談做官了。於是，他對在齊國做官的朋友宮他說：「我想請齊王支持我，讓我出使魏國，試著讓魏國與齊國親近。」

宮他說：「你這樣說等於貶低自己，承認自己在魏國不吃香。這樣的人，齊王又怎會重用呢？」周趮著急地問：「那我該怎樣說呢？」宮他給他出主意說：「你不如自信滿滿地問齊王對魏國有什麼期望，然後告訴他，你可以傾魏國之力滿足齊王的要求。這樣一說，齊王必定以為你在魏國是個很有影響力的人，自然會厚待你；然後，你再去魏國，對魏王說自己能夠傾全力，滿足魏王對齊國的要求。這樣魏王也必定不會小覷你，會重用你。如此一來，你既能打動齊王，又能打動魏王。」

周趮原本在齊國和魏國都沒有名聲和地位，要想在齊國謀得一官半職更不容易。但他接受了朋友的建議後，果然得到齊、魏兩國的重用。

人們常說：「便宜沒好貨。」如果你對自己的身價定得太低，別人就會覺得你不是「好貨」，只會看不起你。適度地抬高身價，能夠引起別人的重視，讓你得到意想不到的收穫；也許你沒有什麼優勢，也沒有特長，但想要得到別人的青睞和幫助，就要善於自抬身價，讓別人相信自己。任何時候，只有別人看到你的價值，才會願意提供資源給你。

洛克菲勒在成為石油大王的過程中，經常依靠自抬身價來虛張聲勢，其效果非常顯著。洛克菲勒三十五歲的時候，在克里夫蘭創辦美孚石油公司。在此之前，沒有人會想到洛克菲勒能用他那點微薄的財力收購同行這麼多的工廠，從而創辦美孚石油公司。

每當洛克菲勒和別人談妥價錢，在那關乎生死的關鍵一刻，洛克菲勒總是表情嚴肅，隨手抽出支票簿，以傲然的神氣和語調說：「你們想要支票，還是美孚的股票？」看著洛克菲勒的表情，大多數人以為即將成立的美孚石油公司會是一家龐大的公司，便毫不猶豫地選擇了美孚的股票。其實，當時的美孚石油公司還只是一個空殼，那些股票更是一文不值。

洛克菲勒用誇張的表情、傲然的神態，在無形之中把即將成立的美孚石油公司的形象提高數倍，把自己的身價也提高數倍，於是被收購的工廠心甘情願地選擇了股票。洛克菲勒主動提出開空頭支票，卻反而讓這些人堅定地選擇股票，這都是因為洛克菲勒「顯得」很有經濟實力。

適當提高自己的身價，一方面能給自己訂定更高的目標，另一方面也能夠贏得別人的關注和信任，得到更多的助力。一個聰明人是不會貶低自我的，他會自抬身價，吸引更多人來幫助自己。

當然，提高自己的身價也不能太隨意，至少要與自己的實際情況相近。自抬身價時，要堅持幾個原則：

首先，要適度。

不要抬得過高，甚至大大超過了你的能力範圍。別人依然會根據你的專長、年齡和能力，一下子就能發現你的超高「身價」根本就是吹出來的。這樣的自抬身價，反而會產生負面影響。

然後，看準時機。

如果你有事沒事都跟人談你的「身價」，只會被看成吹噓，反而會引起別人的懷疑。你必須在有人詢問的時候才自抬身價，這樣才顯得自然、真實。

做完蛋糕要記得「裱花」

很多人終其一生，總是默默無聞地待在一個工作崗位上，這就好比拉磨的驢子，心甘情願地在直徑不到兩公尺的小天地裡負重前行，周而復始。如果一個人只懂得默默耕耘，即便很努力，也很難受到賞識；因為這些人只會耕耘，卻不懂得讓自己的成果表現出來。

作家黃明堅有一個比喻：「做完蛋糕要記得裱花。有很多做好的蛋糕，因為看起來不夠漂亮，所以賣不出去。但只要在上面塗滿奶油，裱上美麗的花朵，人們自然就會喜歡來買。」很多時候，除了埋頭苦幹外，你還要懂得讓自己的功勞表現出來。如果只是默默地出力，就不可能得到別人的重視，因為沒有人看得到你的功勞。

劉清雲是一家外商公司的職員，工作非常努力，但工作兩年卻沒有任何晉升的機會。他很想得到老闆的賞識，所以經常假想：如果自己哪天能見到老闆，一定要好好表現。可是事實上他卻從來也沒有主動與老闆接觸過。

清雲的另一位同事就積極得多，他特地去打聽老闆的上下班時間，算好老闆何時會進電梯，然後刻意在這個時候搭電梯，也因此增加了遇到老闆的機會。藉著這些時機，他會跟老闆打招呼、說上幾句話、展示一下自己的才能、提一下自己的工作成果。

在經過一段時間的接觸後，這位同事逐漸摸清了老闆的奮鬥歷程，知道老闆畢業的學校、人際風格、關注的問題所在。然後在一次與老闆的長談後，這位同事得到老闆的賞識，不久就爭取到理想的職位——而清雲呢？他現在還留在原來的位置上繼續默默耕耘。

「會吵的孩子有糖吃」，拚命工作並不一定能為你贏得上司的賞識，你要學會主動和上司接觸、溝通，將自己的成果和業績表現出來，這樣才能為你贏得發展的機會。很多人在工作中一味保持沉默、埋頭苦幹，不僅會失去加薪、晉升的機會，更多的時候，還會因此使自己弄錯上司的意思，造成工作結果與上司的要求相去甚遠。

其實，機會對每個人來說都是均等的，只是大部分人都選擇躲在角落裡默默無聞地耕耘，成了「隱形人」，被發現的概率自然微乎其微；默默無聞並不代表你無能，但能讓你顯得無能——是不是有把工作做好固然重要，但更重要的是別人有沒有看到。要獲得上司的注目，最直接的方式就是主動去親近上司。

首先，在能確保自己工作績效的前提下，關心一下上司的「私事」。

作為上司，一定不會拒絕一名工作認真，而且還會親近他的下屬。上司要承受的工作壓力往往比一般職員更大，其孤獨是無法言喻的，其中就包含著諸多「私事」。

上司也希望能找到分擔苦惱的人，所以在你完成工作之後，也要主動關心一下上司，協助他釋放私人的壓力，這往往能幫助你輕易地獲得上司青睞。記住，上司也需要來自下屬兼朋友的「私人關懷」與安撫——當然，這些都必須建立在你工作績效良好的前提下。

其次，不要太注重流言蜚語。

很多人因為害怕同事說自己與上司的閒言閒語，於是就把心思全都放在工作上，不敢與上司接觸。的確，有的時候與上司的密切關係，確實會讓你失去群眾基礎，尤其當你被委以重任後，一些同事也可能會因此疏遠你、甚至散佈對你不利的流言。但其實你不需要顧慮這些——只要你有真正的工作能力，足以勝任那個職位，流言自然會雲開霧散、不攻自破。

再次，私底下多和上司接觸。

接受來自上司的非工作性質邀請，是非常重要的。例如當整個公司都在盛傳你將要被提拔的消息時，你可別在這個時候打退堂鼓，推掉這個可以全面展示自己的機會；你正可以在這一非工作性質的邀請中增進自己和上司之間的關係，這比你埋頭苦幹要有用得多。

最後，公開場合不要過分親近。

雖然和上司要建立起不錯的私人關係，但在帶有工作性質的場合、時間，不要過多地摻雜私人感情。不要認為你私底下與上司關係好，你就高人一等，甚至代替上司做決定，指使別的同事做事。這樣做只會適得其反，將你辛苦建立起來的關係毀於一旦。因此，在特殊場合，儘量不要與上司套交情，也不要過分親近，應把重點放在工作上，讓他更欣賞你。

當今社會，競爭越來越激烈，有才華的人很多。如果你只知埋頭苦幹，等著別人來挖掘「金礦」，效果並不理想。要想贏得更多的機會，要想獲得賞識和提拔，就要主動和你的上司、老闆多多接觸，把自己的成績和能力表現出來，只有這樣，你才能獲得更多的發展機會。

會做事也要會拒絕

一些人可能以為自己只要努力工作，就一定能夠有所回報，然而你卻可能遇到這樣的情況：你把工作做好、做完了，然後上司就立刻又給你安排一些額外的工作。如果接受，可能會影響你後面的工作；如果拒絕，又怕上司會認為自己偷懶，最後只好硬著頭皮接受。可是這麼一來，做好了事情只會更多，做不好卻還得被批評，不管怎樣都沒有好處。

我們固然要多做事，而且把事情做好，這樣才能贏得賞識和提拔；但是，如果額外工作太多，就會讓自己忙得焦頭爛額，工作也經常出錯，反而對自己不利。所以，會做事也要會拒絕，讓自己能夠集中精力，以高效率完成自己的工作，這樣才能表現出好成績。

李益明是一家資訊公司的技術人員，工作能力不錯，努力踏實，老闆很欣賞他。由於市府即將召開一場高科技產品座談會，每個參加會議的公司都需要派五名青年與會服務。上司考慮到益明在大學時有當過學生會幹部，因此打算讓他帶隊前往。

這天，上司找來益明，要求他擔任公司的青年服務隊領隊，益明答覆道：「我現在正在處理一個專案，這您是知道的，而且當下正是關鍵時刻，我沒有精力去處理別的事情。」上司回道：「會議時間只有三天，不會花費你太大的精力。你只要每天把人帶去會場，不用整天待在那裡。」益明再想了想，便接受了這項工作。

在這三天中，益明除了第一天有到大會上露臉外，之後就再也沒有出現過；他叮囑其他人每天自行到大會會務組報到，而自己則繼續在專案中打拼。但那些同事卻因為知道益明不會到場盯著，於是紛紛藉故開溜摸魚。結果會務組把這個狀況反映給了公司老闆，害益明受到了嚴厲的責難。

後果還不僅止於此。到了年底，公司要重新調整部門主管，益明因為這次的專案大成功，得到上司推薦他擔任技術部門主管，可是老闆卻說：「上次的會議工作都安排不好，他還能做什麼？」就這樣，益明失去了一次晉升的大好機會。

很多時候，努力踏實總能贏得上司的欣賞，也因此會讓你負責一些臨時性的工作。但是你必須好好評估自己有沒有相應的時間、精力，或是做好這些工作的熱情；如果沒有，你就應該拒絕這些工作。否則，事情辦不好，你就從努力踏實淪為辦事不牢了。

如果實在無法推掉工作，就一定要重新將工作輕重權衡好，以免影響自己的整體形象。

專注於自己的工作很重要，但接受一些臨時性的任務也很重要，關鍵就在於你有沒有多餘的時間和精力。如果沒有，那就要學會巧妙拒絕，只是要如何拒絕呢？

首先，儘量讓上司清楚你的苦衷。

拒絕時，不要馬上說「不」。當上司要求你去做某件事時，即使真的沒有時間和精力，也不要不耐煩。你要先說出你的實際情況，接著保證會盡力將工作處理好，但超額的工作卻確實無法應付。

只要你對工作全力以赴，這樣就不會有人責怪你的拒絕。

其次，降低上司對你的期望。

一般來說，上司會交付給你額外的工作，就是因為相信你能解決這些問題，對你抱有很高的期望。在拒絕時，如果還不斷地提自己的長處和優點，就會無意中抬高對方的期望，增加拒絕的難度；如果適當地說說自己的短處，就能降低對方的期望。

另外，不妨給予一些建議、提出一些不錯的適任人選，這樣上司有了替代方案，就不會再為難你了。

再次，先肯定再拒絕。

在拒絕額外工作的時候，要學會用一些轉折。例如：「我知道這件事，但是……」、「我明白你的意思，而且我也贊成你的看法，但是……」。在拒絕上司的要求後，要及時消除對方的負面情緒。

當要求被拒絕，無論理由是什麼，總是一件令人不爽的事情。因此，如果想要繼續保持與上司的良好關係，在拒絕上司時就要做好功夫，你需要表達出你的理解，並且給予他一定的幫助。

最後，拒絕要果斷。

雖然不是直接說「不」，但拒絕除了要委婉、誠懇，更要果斷。比如：「謝謝您的好意，可是我現在確實忙得沒有力氣處理了。」如果你猶豫不決，只會讓你進退兩難。必須果斷拒絕，才能澈底打消上司的幻想。

做好更多的工作確實能讓你得到更多的賞識和機會，但時間和精力畢竟是有限的，很多時候，原本的工作就已經需要我們付出全部的時間和精力，根本沒有多餘的時間去顧及額外的工作。所以，要以主要工作為主，巧妙拒絕額外的工作。

匯報工作進度很重要

有很多人覺得只要好好完成工作，中途就沒必要向上司匯報工作進度，這是一個非常嚴重的錯誤心理！如果不能及時向上司匯報工作進度，結果就可能與上司的想法發生偏差，甚至造成重大失誤。

上司交代的工作每次都會有所不同，時間範疇也不一樣；但作為下屬，你的做法卻應該是一樣的——你要不斷主動、積極地報告工作進度，讓上司及時瞭解工作情況——要知道，反映工作進度，實際上也是讓上司看到你的付出與努力。否則，所有的辛苦可能也只是白費力氣。

有一家公司的老闆，為了讓兒子以後能夠順利接管自己的公司，就把兒子安排在公司內，並刻意對外隱藏他們的父子關係。他的兒子也很爭氣，工作認真，決定要靠自己的業績得到公司同仁的重視，獲得別人的認可。

兒子一直埋頭苦幹，認真完成上司所交代的所有工作，而老闆看在眼裡，喜在心頭，感到非常欣慰。兩年後，老闆開始打算讓兒子到主管的位子上接受磨練。於是，他把兒子的直屬上司調到分公司擔任經理，並讓這位主管推薦接任的人選。老闆心想：兒子的表現這麼好，主管一定會推薦他的。

想不到結果卻大出老闆意料之外——被推薦的並不是自己的兒子！老闆不死心，讓這位主管再推薦一個備位人選，可是卻依舊不是自己的兒子。

這下老闆糊塗了，於是老實說出自己和兒子的關係，然後進一步詢問主管其中的原因。主管很驚訝，想了想說：「他的工作能力很好，只是做事卻從來不匯報也不請示，直到完成才出聲。努力是很努力，但卻容易有偏失。」主管的一番話，令老闆恍然大悟。

出色地完成任務只是一個前提，你還要學會把你的工作效率、工作成果主動展示給上司看，這樣才有更多機會得到賞識。工作成果很重要，但工作過程也很重要，只有兩方面都做好了，工作才能完美，上司才會滿意。

在工作過程中，你必須及時向上司匯報工作進度，尤其當你執行的是一件特別棘手的任務時，更應該及時匯報，不但可以避免錯誤，更可以讓上司瞭解你的工作能力和聰明才智，這樣做會給你留下更多的發展機會。

如果忽視及時回饋、不主動匯報成果，縱然成績優異，也很難引起上司以及公司的重視。主管層級的工作繁忙，他不會平白無故地對某一項工作給予特別的關注；而如果你所待的又是知名的大公司，每個人的能力都很出色，你所取得的成績就更容易被忽略掉。

不主動匯報，就很難脫穎而出！

張博亞是一家家電公司的產品企劃經理，由於公司要開發新市場，便派他一個人去進行市場調查。一個人作市場調查可不是一件簡單的事情，這可把博亞忙壞了。

整整一個星期過去了，博亞都還沒和市場部門的部長聯繫，為此，部長很納悶，為什麼一點消息都沒有？他打電話過去質問博亞：「現在狀況怎麼樣？業績出來了嗎？為什麼一通電話都沒有？」博亞委屈地說：「我跑了一個星期，卻還沒有一點結果，不好意思打電話給您。」

於是幾天後，博亞就被下放到一家分店當主管，公司重新派了一位產品企劃去跑市場開發。

如果你不能及時、主動地向上司匯報工作狀況，即便你披星戴月地工作，上司也不會知道你做了什麼，甚至還會誤以為你在偷懶呢。不及時主動地回饋工作進度，吃虧的是你自己。

另外，由於工作在執行過程中隨時都可能因為局勢而發生變化，需要重新調整。為此，你必須經常向上匯報工作進度，主管才能及時調整方案，你的工作也才能更好的達成。

犯錯時別急著辯解

很多人在工作上總是小心翼翼，一旦出現失誤，就急著找各種理由和藉口辯解。其實沒有必要！俗話說：「智者千慮，必有一失。」一個人再聰明、能幹，也會有犯錯的時候。失誤既然已經出現，當務之急是趕緊彌補失誤，而不是急於解釋失誤的原因、推卸自己的責任。愚蠢的人會盡力為自己的錯誤進行辯護，而聰明的人則會主動承認自己的錯誤，然後作出補救。

有些人在工作中出現錯誤，總習慣於將責任推到別人身上。你也許認為只有找藉口為自己辯護，才能把自己的錯誤推個乾乾淨淨，但事實並非如此。上司可能會原諒你一次，但他心中一定會感到不快，對你產生「怕負責任」的不良印象。所以說，與其花費力氣去辯解，不如主動承認。

李曉峰是一家貿易公司的市場部經理，在上任時犯了一個錯誤；因為沒有經過仔細調查就輕易地接受了一位同事拉來的訂單，等產品生產完畢，準備交貨的時候，才發現那個同事早已被「獵頭」公司挖走，而那批貨就沒有了交貨對象，貨款自然也就沒了著落。

曉峰想不出補救辦法，一個人在辦公室裡愁眉苦臉，這時老闆走了進來，臉色非常難看。還沒等老闆開口，曉峰就立刻向老闆報告狀況並坦承認錯：「這是我的失誤，我一定會盡最大努力挽回損失。」

老闆被他的坦白和敢於承擔責任的勇氣所打動，沒有責罵，而是答應了他的請求，並撥出一筆款項讓他重新去考察、聯繫新的買家。經過努力，曉峰終於找到新的客戶，一個月後，那批貨以更高的價格賣出，為公司創造了不小的利潤。曉峰也因此得到老闆的嘉獎。

一般來說，老闆大多欣賞那些能夠清楚認知、及時改正錯誤，並會想辦法補救的下屬們。能勇敢承認自己的錯誤，誠實地面對它，不僅能彌補錯誤所帶來的不良後果，還能讓自己在今後的工作中更加謹慎行事。同時，只要不再犯同樣的錯誤，老闆也不會因為一次錯誤就全盤的否定你。

松下幸之助曾說：「偶爾犯錯無可厚非，但從處理錯誤的態度上，我們可以看清楚一個人。」當我們出現失誤的時候，不要試圖為自己的錯誤作任何辯解。每個人都有可能犯錯，關鍵在於你認錯的態度。只要你坦率承擔責任，並盡力去想辦法補救，你仍然能夠得到老闆的賞識。

劉天司和張明翔是大學同學，畢業後在同一家快遞公司工作。由於兩人是老交情，配合得好，工作情況一直不錯，老闆對他們很滿意。然而，一件事卻讓兩人的命運走上不同的分岔路。

一次，天司和明翔負責把一件大包裹送到碼頭，聽說是件古董，所以老闆反覆叮囑他們千萬要小心運送。到了碼頭，天司把包裹遞給明翔，一個失手，明翔沒接好，包裹就掉到了地上，裡頭的古董也就這麼毀了。兩人這次可犯了個大錯。

回到公司，老闆免不了對兩人一陣責罵。「老闆，這不是我的錯，是天司弄壞的。」事後，明翔偷偷來到老闆辦公室向老闆解釋，老闆很平淡地說：「嗯，我知道了。」隨後，老闆又把天司叫到辦公室詢問詳情，天司一五一十的將經過告訴老闆，並且說：「這件事情是我的失職，我願意承擔責任。」

幾天後，老闆把兩人叫到辦公室，說道：「其實，那天古董的主人有在現場，他很清楚的看到你們兩人遞接古董的動作；而且，我也看到了問題出現後你們兩個人的反應。我決定，劉天司留下來繼續工作，用你的努力來償還公司的損失。而張明翔，你被開除了。」

很多做錯事的人只懂得責怪別人，卻不會責怪自己。當你說「是別人的錯」時，你應該清楚認知到：既然負責這項工作的是你，不管原因為何，老闆都不會接受你把全部責任歸咎給旁人。既然這樣，不如承認「是我錯了」，博得老闆的原諒，然後再用自己的實際行動去彌補，重新贏得老闆的信任。

很多人以為承認錯誤就要接受懲罰，因此對承認錯誤懷有恐懼，不斷找藉口為自己辯解。其實，承認錯誤有很多好處，比如：可以讓老闆看到你如何承擔責任、如何從錯誤中吸取教訓，這樣你才有機會得到老闆的賞識。

「推功攬過」讓老闆對你更加滿意

如果我們完成一項工作後就把所有功勞占為己有，旁人一定會心存不滿；但如果你把成果推給同事、推給老闆，你的獎勵不僅不會少，還會另有收穫。

當某項工作出現失誤——特別是老闆所造成的失誤——你主動承擔一點，老闆就會對你心存感激。

「推功攬過」，就是這個道理。

很多人都知道，當成果匯報的時候，應該將功勞歸功於上司的英明領導，而把自己置於一個執行者的角色。這是一種非常聰明的做法。把功勞推給上司，並不意味著你就沒有功勞，因為上司自己心知肚明，他會主動把好處與你分享；而這種作法更可以讓上司記著你的好，之後便會為你大開方便之門。

有一隻貓好不容易捉到一隻老鼠，將老鼠弄得筋疲力盡之後卻把牠給放了。

狗看見後覺得非常困惑，於是問道：「辛辛苦苦抓到的美味，你怎麼就將牠放了？」貓回答道：「你不明白，我是和上司一起被派到這裡來抓老鼠的，上司連一根老鼠毛都沒撈到，我怎麼能搶牠的風頭？所以，我先把這隻老鼠弄癱了再放走，讓上司來抓牠！」

果然，那隻貓的上司雖然不擅長抓老鼠，但因為老鼠們都已經先被弄得筋疲力盡，所以仍舊抓到了不少。過沒多久，這兩隻貓因為成績斐然，受到嘉獎，得到很多獎勵；上司貓這時就主動地就將東西拿出來分享，之後每次有什麼好事也經常想到這個好下屬，彼此一直保持著良好的關係。

這無疑是一隻非常聰明的貓，牠知道身為下屬，有時為上司做出一點「犧牲」是一種非常有價值的投資；牠把功勞讓給上司，上司得到功勞，心裡也明白到底是怎麼回事。下屬貓雖然沒有捉到老鼠，卻得到比一隻老鼠更大的好處，那就是上司的信任和提拔——以後上司有什麼好處，第一個一定會想到這個「貼心」的屬下。

所以，好事一定要向上司身上推，讓上司對你更加滿意。那麼，具體該怎麼做呢？

首先，開門見山，先說結論。

不要把時間和精力都用來描述你做了什麼。做事的內容盡可能簡明扼要，並且要將功勞推給上司，讓自己表現成只是替他辦事而已。

其次，如果是書面報告，就應該把直屬長官、老闆的名字統統寫上去，將他們放在前面，最後才提到自己。

報告完畢後也不要急著邀功，你的功勞老闆看得見，表現得淡定，老闆才會更加欣賞你。作為老闆，他不會真的去搶你的功勞，他需要的只是那份榮譽。透過「推功」，老闆會因此對你的做人處事感到讚賞，在以後的工作中也會給你提供更多的方便和好處。

將功勞推給老闆，有百利而無一害。

不管什麼時候，千萬不能居功自傲。要善於把功勞推給大家，強調這是老闆的安排到位、是大家的齊心努力，才能有現在的成果，功勞都是大家的。大家都是明白人，接受了你的好意，以後有機會自然也會與你分享。

有一家房地產公司，歷經半年的努力，營運經理與下屬們終於共同完成了一個大專案。事後，上級主管過來聽取匯報，負責的經理因為臨時有事，便讓副經理負責接待。哪知這位副經理誇誇其談，將功勞全攬在自己身上，上級長官越聽越歡喜，答應給他各種獎勵，並準備將他調到別的部門擔任經理職位。

這件事讓經理和下屬們得知後，每個人都對副經理非常失望，從此，下屬們不願配合他做事，經理也不支持他，還有許多人給上級主管寫信檢舉，揪舉他的錯誤。最後，這名副經理還沒等到升職，就因為種種錯誤被開除了。

我們不應當有和別人爭奪功勞的念頭，而要有和別人共同承擔過失的勇氣。只有做好「推功攬過」，別人才會信任你、幫助你。「推功攬過」有兩個基本原則：

首先，**攬過要攬得適度**。

小過小錯可以由你來承擔，這些是無關緊要的。但絕非什麼過錯都可以攬，比如你上司貪污腐敗，你若站出來代人受過，那可是既分擔不了、也分擔不起。所以，攬過的時候，要注意分寸。

其次，**推功要推得巧妙**。

推功也要有功夫，不要太明顯地把功勞強加到老闆身上，否則只會弄巧成拙，招致老闆的怨恨。同時，千萬不可到處宣揚，免得老闆以為你別有用心。

主動幫老闆適當遮掩錯誤，往自己身上攬些責任，而功勞則要推給老闆和同事——如此，便能營造出良好的人際關係，讓你做起事來更加順利。

如何傳遞壞消息？

大部分的人都喜歡「報喜不報憂」，生怕自己引來老闆的怒火。但其實，傳遞壞消息也是一個追求表現的好機會——不管什麼時候，都不要拖延呈報壞消息，如果壞消息在你呈報前就先傳到了老闆的耳裡，你就失去了一次表現的機會。

積極地向老闆傳遞壞消息，共同協商對策，可以將損失降到最低。如果錯誤是你造成的，老闆會因為你的坦誠而原諒你。相反地，如果你選擇隱瞞壞消息，一旦被知悉，就會大大降低你在老闆心目中的地位；即便這次的錯誤並不是你造成的，老闆也會認定你的隱瞞是為了遮掩自己的過失，從而對你失去信賴。

向老闆傳遞壞消息，然後提出解決的方法，老闆不但不會責怪你，還會欣賞你。不過在解釋整個情況的時候，要特別關注老闆的情緒，以免言語失度，激起老闆的憤怒。

一天，一家電子公司的經理與一位重要客戶在辦公室談完業務，正聊天聯絡感情，突然一名員工衝了進來氣喘吁吁地說：「經理，不好了！上次來的那個客戶剛打電話說，他們今年不想和我們繼續合作了，想找一家新的合作供應商！這怎麼辦啊？真要這樣，我們會損失四分之一的業務！」

經理為此非常生氣，送走客戶後，便把那名員工叫來訓斥：「你不知道我在談業務嗎？這下好了，被你這麼一攪和，本來已經談好了，結果人家看我們發生這麼大的事，又準備回去考慮一下！」第二天，這名員工就被開除了。

其實傳遞壞消息本身並沒有錯，錯誤的點在於這名員工的傳達方式；由於傳達的方式與時間錯誤，因此對公司造成不好的影響，公司不僅已損失四分之一的業務，更因為他消息傳遞的失當，更可能要再損失一位大客戶。

正確的方式，是按照平日的樣子敲門進來，然後對經理說：「經理，上次來的那個客戶那邊出了點狀況，客戶打電話過來說……」避免用激烈的措辭並盡量降低壞消息的負面刺激，這樣才不會影響到當前的業務。待客戶走後，再強調這件事的重要性，並想辦法解決。

俗話說得好：「怎麼說要比說什麼更重要。」面對壞消息，如果你能以一種相對委婉的方式傳遞給老闆，對雙方都會有利無害；如果你大驚小怪、慌慌張張地告訴老闆，就算老闆不會被壞消息氣到，也會認為你不會辦事。

如果你能用鎮定自若的語調、泰山崩於前而色不變的神態來向老闆匯報壞消息，老闆可能還會高興地看你一眼。你在表達中要多用「我們」之類的字眼，表明你和上司是站在同一陣線，並且要多提一些建設性的意見。這樣一來，老闆不但不會怪罪你，還會將你當成依靠。

當然，委婉地表達壞消息，並不是要你在老闆面前兜圈子、捉迷藏。傳遞壞消息，通常要注意兩點：

第一，**最佳的表達方法應該是清晰、委婉，同時，帶著你的建議。**

當你有壞消息要向老闆匯報時，先考慮一下你有無能力去緩解或者解決；以你對公司的瞭解，以及對目前情況的分析，怎樣處理這個問題最好。想好這些問題，你就贏得一次表現的機會。

在說出壞消息的同時，給老闆提供一套可行的處理方案，或提供一些有利於解決問題的可靠資訊，這樣老闆就肯定不會將脾氣發在你身上；如果你對這個問題非常熟悉，那更應該主動請纓，幫助老闆解決問題。當然，在向老闆提供可行的解決方案時，只要得到他的支持和信任，你就可以放手表現了。

第二，**把握開口的時機和場合。**

如果壞消息不是非常著急，就選擇一個合適的時機再說，最好是沒有其他人在場時說，讓上司有個心理準備。千萬不要匆匆忙忙闖進辦公室，既打擾上司工作，又惹得他對你發火。

向上司傳遞壞消息時千萬要注意場合，不要影響到現在的工作。

如果上司才剛罵完別人，或被更高層的長官訓斥了，這時最好不要貿然傳達壞消息；否則，老闆正要出氣，你卻投懷送抱，自然沒有好結果。

向老闆傳遞壞消息，要試著把壞話說好、急話說慢，讓老闆更好地接受。既要得體地將壞消息傳遞到老闆的耳中，又要避免對老闆造成衝擊，進而殃及自身；否則，雖然錯誤不是你造成的，但作為傳遞者，老闆還是會把你和錯誤連在一起看。

最好的方法就是：在傳遞壞消息的同時，給予老闆一些好的建議，建立老闆對自己的信任。這樣一來，即便錯誤是你造成的，老闆也會給你一次彌補的機會；而如果你能完美地解決問題，老闆更會對你刮目相看——所以，不要害怕傳遞壞消息，只要你把握好方式，一樣能夠成為一個讓你大放異彩的表現機會。

2 CHAPTER TWO 四兩撥千斤的「情感投資」

感情是每個人的弱點

感情在人的生活中占據著舉足輕重的地位，朋友之情、戀人之情、父母之情、姐妹之情等對人影響至深，無論是多麼理智的人，在感情迸發的時候，他的行為也會為感情所左右。在這個世上，每一個人的理性都是相對的，而感性則是絕對的，感情可以說是每個人的弱點，只要你能夠在感情上與他人建立聯繫，你就能夠得到對方的幫助、影響對方的行為。

用情感去打動他人是成大事者常用的手法，因為感情的籠絡總是比物質的刺激來得更加牢固。如果你總以物質利益去刺激他人來幫助自己做事，對方的胃口就會越來越大，越來越不能滿足，最終會導致離心離德；相反地，用感情維繫的關係則能長久穩固，正所謂「士為知己者死」即是如此。在感情的作用之下，對方必然願意為你出生入死，一生不悔。

劉備就是一個善於運用感情打動他人的典範。織席販履出身的劉備並不具備政治家的頭腦、軍事家的智慧，但他懂得用情，因而得到了有政治頭腦的人，得到了有軍事智慧的人。這些人盡心輔佐劉備，使他得到三分之一的天下。

人言道：「劉備的江山是哭出來的。」他先「桃園三結義」，得到了張飛、關羽兩員猛將；然後在徐庶離開之時，「淚如雨下」，哭得徐庶推薦孔明；與趙雲分別的時候，再哭，亦把趙雲招致麾下；白帝城托孤的時候，又一次動用情感的力量，讓諸葛亮為蜀漢天下鞠躬盡瘁死而後已；還有，黃忠、馬超等人，無不是因他的情感感召力才投到他的麾下的。劉備用情感打動的這些人，一生對劉備忠心耿耿，即使是在劉備最落魄的時候也沒有離他而去，關羽放棄曹操給的榮華富貴，「過五關，斬六將」；趙雲長阪坡忠心護主，十萬大軍中往來衝鋒；諸葛亮夙興夜寐、勞心勞力，「蓋追先帝之殊遇」。

劉備用感情籠絡他人，不僅表現在這些治世能臣身上，還表現在博取天下人心之上。在逐鹿中原的過程中，他一直以仁義道德自居，人人都認為劉備是一個可靠的至誠君子。在火燒新野之後，劉備倉皇出逃，但他不顧自己的性命，非要帶著願意跟著他的百姓一起逃命，那些百姓有感於「劉皇叔」的恩德，無不跟從。

劉備雖有大志卻無大才，但懂得用感情籠絡他人的劉備，就憑這一點，便實現了自己的大志，在群雄割據的年代終得三分天下。

每個人都是有感情的，恩將仇報的故事雖有，卻並不常見；相反地，「滴水之恩當湧泉以報」的故事則常常在生活中上演。只要我們肯在他人的身上付出感情，就一定會有所收穫。世上沒有無懈可擊的人，因為感情正是那些號稱「刀槍不入」的人最大的弱點，如果我們想要與這樣的人建立起良好的關係，就必須學會「感情投資」。

在當今這個社會，「重物質而輕精神」，人們對感情的需要不再那麼強烈，「士為知己者死」似乎也很難在現實的生活中出現；然而即使如此，現代人對感情依然無法割捨，那些懂得抓住人們內心深處「渴望情感」的企業，往往就會具備更強的凝聚力和向心力，也更能留住人才。

法國企業界有句名言：「愛你的員工吧，他會百倍地愛你的團隊。」在員工身上傾注感情，必然能夠打造出「家庭式」團隊，這樣的團隊必然能夠做出最好的成績。如果你想擁有眾星捧月的人脈網路，如果你想在他人的拱衛之下完成自己的大業，那麼就不要吝惜付出自己的感情，抓住對方最需要的「情感」進行投資吧。

別等到口渴了才挖井

你是否碰到過這樣的情境：

當你遇上一件棘手的問題時，突然想起某個朋友有能力幫助自己；但轉念一想，自己已經大半年沒和他聯繫了，上一次他生病，也沒有去看他，現在貿然去找他萬一被拒絕怎麼辦？越想腦袋越疼，早知有今日，平時就應該多多聯繫才對。

這就叫做「平時不燒香，臨時抱佛腳」。

黃蜂與鷓鴣口渴得厲害。它們找上了農夫，請求農夫給點水喝，並許下了豐厚的回報。黃蜂說，牠能夠替農夫看守葡萄園，一旦有人來偷葡萄，牠就用毒針去刺；鷓鴣則表示，自己可以替葡萄樹鬆土，讓葡萄結出更多的果實。農夫對牠們的話根本就不相信，他說：「你們沒有口渴的時候，怎麼沒想過來替我做事呢？」

「晴天留人情，雨天好借傘」如果平時不懂得和朋友保持良好的關係，等到出了事才想到要朋友幫忙，只怕就遲了。

現代人的生活比較忙碌，因而很少和自己的朋友保持聯繫，直接導致與朋友之間的關係逐漸冷漠，這是非常可惜的。良好的人脈網路是成事的基礎，即使我們暫時不需要朋友的幫助，將來也有可能會有需要，如果等到需要幫助的時候再後悔就來不及了；還有一些人急功近利，總是喜歡結交那些權勢如日中天的人，冷落那些暫時處在低潮的朋友，然而「人無百日好，花無千日紅」，那些如日中天的人們或許某天也會陷入低潮，而那些本來在人生低潮的人則有可能會飛黃騰達，到了那個時候，如果你再想從那些曾經被你冷落的人那裡獲得幫助，恐怕就是癡心妄想了。

人情難還，給人予人情者心境坦然，欠人以人情者則內心不安。在平時的人情投資中，我們要秉持著不求回報的原則，與每一個人都建立良好的關係，這麼一來，我們所做的每一次人情都將為我們未來遇到事情時預留一份保障，等到事情臨頭，不用我們開口，別人就會主動提供幫助。

知名港劇《宮心計》中的阮翠雲，人情功夫就做得非常好。在鄭太后遭受迫害的時候，她主動幫助鄭太后母子脫離危難；等到光王登基，鄭太后統領後宮的時候，阮翠雲也就因此得到鄭太后的重用和保護。每一次阮翠雲陷入後宮的鬥爭中險遭不測之時，鄭太后都會及時伸出援手，使她能夠多次死裡逃生。

臨渴掘井始終是晚了，只有在平時做足功夫，到渴的時候，才能從容不迫。感情投資的功夫要在平日裡做，將來遭遇挫折的時候才能得到朋友的幫助，克服困難、走出困境。如果你在自己飛黃騰達的時候便將身邊的朋友忘到九霄雲外，等到你有危難的時候，別人也不會對你伸出援手。

「獨木不成林」，要想做成大事，就必須建立屬於自己的人脈關係網絡，平時就要注意感情的投資，而最簡單的感情投資就是與朋友保持常態的聯繫。現代人的生活雖然很忙碌，但與朋友保持聯繫並不是一件困難的事情，逢年過節給朋友發個簡訊，送上自己的祝福；閒暇的時候，抽出幾分鐘時間給朋友打個電話，增進彼此的感情；如果朋友遇上什麼困難，能幫助的就儘量幫助，這更能加深與朋友的關係。

總而言之，「平時多燒香，急來有人幫」，如果你不想變成孤家寡人，就得在平日多進行感情投資，為自己的事業發展鋪平道路。

人情要送對時機

「送人情」是獲得良好人際關係的最佳方式，但「人情」送不好，即使「人情」再重，也不會被對方所接納；人情送得好，即使人情很輕，對方也會感激涕零。所謂「千里送鵝毛，禮輕情意重」就是這個意思。

人情送得好不好，不在於人情的輕重，而在於送人情的時間。把握好時間，就能將人情送到對方的心坎裡；如果時間把握得不對，即使你送一個天大的人情，也會被對方拒於千里之外。

在《封神演義》的結尾，商紂王的寵臣惡來、飛廉眼見紂王大勢已去，便將商朝的傳國玉璽偷出來獻給周武王。傳國玉璽對於身為天子的周武王來說是非常重要的，二人所送的這份「人情」不可謂不大，然而他們在武王打敗紂王之後才送，這份人情就變得沒什麼意義。所以，姜子牙非但沒有因此獎賞他們，反而將二人處死，祭奠了封神台。

「送人情」的時間，決定你的「人情」是否具有意義，如果你在錯誤的時間送人情，人情反會害了你。送人情要以對方的需求為中心，只要對方喜歡，無論你的人情是大是小，對方都會樂於接受。

總之，聰明人就要懂得在最佳的時機，送對的人情。

三國時代的許攸是「送人情」的高手。在曹操與袁紹決戰官渡時，曹操遇到了糧草即將耗盡的危機，這時他給曹操獻了一個烏巢奪糧的計策，使得曹操得以戰勝強大的袁紹。

無獨有偶，曹操也是一個「送人情」的高手。從繳獲的袁紹書信中，曹操發現有很多許都官員及軍中將士私下遞給袁紹的密信，他本可藉由這些書信將叛徒全部抓起來，但他並沒有這樣做；相反地，他把密信全部燒掉，然後告訴眾人：「當袁紹強大的時候，連我也難以自保，何況別人？」

曹操的做法很聰明，因為縱然將那些人全部抓出來殺掉，其實於今也已無多大意義；倒不如做個順水人情，全部付之一炬，那麼這些下屬自然會對曹操感激涕零，從此更加盡心竭力地為曹操賣命。

每個人在不同的時期都會有不同的需求，這些需求有大有小、有輕有重、有緩有急。在「送人情」的時候就要選擇最恰當的時間，將對方最需要的東西送給對方，這樣對方才會對你感激涕零，終身難忘——就像許攸在曹操最需要糧草的時候送上糧草，就像曹操在眾多文臣武將需要活命的時候留了一條生路——「人情」只有讓對方感受到深厚的情義，才能發揮其應有的價值！

古人說：「滴水之恩，當湧泉以報。」其實，並不是說任何人、任何時間給自己一滴水時，都需要湧泉相報；而是在自己最需要水的時候，如果對方給自己一滴水，才會想以湧泉相報。在乾涸沙漠裡的一滴水，與繁華大街上的一瓶水，這兩種意義是完全不一樣的。要想讓「人情」在對方的心裡留下不可磨滅的印象，你就必須在對方最需要的時候送上「人情」。

「雄姿英發，羽扇綸巾，談笑間，檣櫓灰飛煙滅」的周瑜，其實早期並沒有這麼得意，他也曾經是袁術的一名小小部屬，在一個叫居巢的小縣當縣令。他在任的時候，居巢發生饑荒，糧食問題難以解決，越來越多的百姓餓死。

周瑜身為當地的父母官，自然有責任解決這個問題。但在那個戰亂的年代，他也是無法可想；這個時候，有人告訴周瑜，附近有一名樂善好施的財主叫魯肅，或許可以想辦法去向他借糧。於是，周瑜親自去拜會魯肅，並說明來意。魯肅見周瑜面相不凡，雖然只是一個小小的縣令，但前途不可限量，因此決定借糧予周瑜，並親自帶著周瑜去家裡的糧倉，將一半的糧食分給他。

魯肅如此慷慨解囊令周瑜非常感動，由此兩人結下深厚的友誼。在後來的日子裡，周瑜一直記著魯肅的恩情，待周瑜發達之後，還向孫權舉薦了魯肅，也因此魯肅得以出山，並在周瑜死後接任大都督的職位。

「人情」能否成為人情，決定於對方的心中，只有你所送的人情確實解了對方的燃眉之急，才有可能在對方的心裡留下深刻的印象，才能讓對方真心地感激你；也只有這樣，你的人情才能在某一天得到回報——這樣的人情才能稱得上是「人情」。

所以，「人情」不能隨便送，一定要把握好「送人情」的時機。

雪中送炭勝過錦上添花

人心向來都是趨炎附勢的，所以「雪中送炭」的人少，「錦上添花」的人多。當一個人飛黃騰達的時候，必定有很多人爭相提供好處，以期自己亦能夠借助他的勢力平步青雲；當一個人從顯赫的位置上落下來的時候，就很少有人願意在此時提供幫助。所以，權貴者門前必定門庭若市，熙熙攘攘；貧寒者門前必定是門可羅雀，疏疏落落。然而，那些「錦上添花」的人雖然付出了很多，事實上卻多半無法從權貴者那裡得到自己想要的東西；而那些「雪中送炭」的人卻往往能在最後得到豐厚的回報。

晚清著名的紅頂商人胡雪巖就是靠「雪中送炭」獲得人生的轉機。

父親早逝，胡雪巖為了家庭，不得不去杭州城的信和錢莊當學徒，三年後，他也成為了錢莊的夥計。但心懷大志的他並不滿足於當一個夥計，只是當時的社會情況以及他的身份地位，其實很難讓他實現自己的志向，以他一個小小的錢莊夥計，又如何能與位高權重的官員結識呢？

精明的胡雪巖，並沒有把眼光放在那些紅得發紫的朝廷大官身上，相反地，他將資源挹注到了自己有可能接觸到的、有潛力的小官員身上，只要能夠在他們尚未發達時幫他們一把，自己將來就有了依靠。

於是，他把目光鎖定在王有齡身上。

王有齡出身官宦世家，其父是浙江候補道。父親去世後，他一直客居杭州，雖然潦倒落魄，但仍是高傲無比，旁人都不願意搭理他；胡雪巖認定王有齡一定會發達，而他正是自己躋身上流社會的階梯。於是，胡雪巖就主動接近他。

一次兩人喝酒時，王有齡提到，父親在世時曾給他捐過一個「鹽大使」的職位，他想多花點銀子改捐一個七品知縣。胡雪巖對此留上了心，便問需要多少銀子，王有齡說要五百兩。

五百兩對胡雪巖這個錢莊的小夥計來說，可不是一個小數目，但剛巧他手裡正接到一筆款項，這筆錢是吃了「倒賬」的，錢莊已經認賠出賬，對胡雪巖來說是一筆意外之財；但即便如此，如果實情被錢莊知道的話，他的飯碗就保不住了。權衡利弊之後，胡雪巖決定冒一把險——借錢給王有齡。

絕望之際的王有齡沒有想到胡雪巖這個錢莊的小夥計能夠借這麼多錢給自己，感激涕零之餘，王有齡表示，他日飛黃騰達後一定會報答胡雪巖的恩情。這正是胡雪巖所要的！

胡雪巖後來將這件事坦白地告訴錢莊老闆，被錢莊老闆掃地出門。而王有齡在進京途中，遇到多年未曾往來的總角之交何桂清；何桂清少年得志，仕途通達，已官至江蘇學政。靠著何桂清的關係，王有齡在京城吏部順利地加了捐，後來又得到了海運局坐辦的肥缺。

發達之後的王有齡沒有忘記胡雪巖，他幾經周折，終於在杭州找到落魄的胡雪巖，從那以後，胡雪巖依靠王有齡這棵大樹，自立門戶，開始在官商之間如魚得水、遊刃有餘。

「錦上添花」通常是針對那些擁有能夠幫助自己能力的人，但你的「錦上添花」並不足以讓對方產生深刻的印象，更不可能讓對方產生感激之情；「雪中送炭」雖然幫助那些暫時沒有能力幫助你的人，但「三十年河東，三十年河西」，說不定他在某一天就飛黃騰達了，到時候，他對你的感激之情就可能為你帶來最大的幫助。由此可見，「雪中送炭」比「錦上添花」更彌足珍貴。

「雪中送炭」不僅比「錦上添花」更加有用，而且更是一個「節省」的人情投資方式。如果是「錦上添花」，你多少要付出一些超出自己承受能力範圍的代價，因為只有鮮豔的「花」才能吸引對方的關注；但「雪中送炭」卻不需要如此，因為「雪中送炭」的人本來就少，而你所要幫助的對象其需求通常也不會太多，在一個人最貧困的時候，一頓飯，都足以讓他感激一生。

「漢初三傑」之一的韓信在未得志時情況很困苦，既未能當官，也不通經商之道，經常靠接濟度日。有一位漂母見韓信沒飯吃，於是好心拿飯給他吃，一連十幾天都是如此。韓信感激地對她說：「我將來必定重重地報答您。」漂母一聽非常生氣地說：「你一個大丈夫都無法自力更生了，我是因為可憐你才給你飯吃，又哪裡會在乎你的報答！」韓信聽了非常慚愧，決定要闖出一番名堂。

後來，韓信在那個風雲際會的年代，終於闖出了一番名堂，被漢高祖劉邦封為齊王。他想起從前曾受過漂母的恩惠，便命人送酒菜孝敬她，還送她黃金一千兩作為答謝。

在一個人饑寒交迫的時候，一碗飯勝過大富大貴時的一頓滿漢全席。因此，如果你在別人並不需要幫助的時候，主動提供助力，對方非但不會領情，反而會認為你別有用心；相反，如果你能夠在別人最困難、最需要幫助的時候拉別人一把，他一定會真誠地感謝你。所以，如果你想做人情，請記得「錦上添花」不如「雪中送炭」，只有在別人最需要幫助的時候給予幫助，你才能贏得對方的回報。

買份禮物，送份人情

送禮，是很常見的傳統現象，親友間的走動、朋友的婚禮、過節時的禮節等，都離不開送禮。送禮是一種形式，而背後隱含的是濃濃的情誼，從某種意義上來說，送禮是維護彼此關係的樞紐。不經意間得到的一個小禮物，往往都能帶來意外的驚喜，讓人因此對送禮的人特別留心。

王華強在外商公司工作，眼看聖誕節就要到了，公司的過節氣氛越來越濃厚，華強就籌畫著給頂頭上司送點禮物。雖然在台灣，聖誕節也不是什麼要不得的大節日，但華強的上司是一個法國人，聖誕節對他來說就等於是新年。

不過華強卻不知道該送什麼好，如果送太貴的東西，難免有巴結討好之嫌；如果送太便宜的東西，又不好拿出手。多方打聽之下，他決定送給上司一瓶法國原裝的波爾多紅酒，因為上司是法國人，這個禮物應該不會讓他反感。

聖誕節當天，公司放假，華強把禮物親自送到上司的家中，當時上司正一個人待在家中，華強的到來讓上司分外感到驚喜，再看到他帶來的那瓶來自家鄉的美酒，上司更是感慨萬千，當即邀請華強共飲一杯。就這樣，上司一邊與華強品嘗美酒，一邊與他講述家鄉的故事。

就這樣，華強與上司的關係因此拉近了許多，在往後的工作中，上司給予華強很多的幫助，後來上司還舉薦華強出任公司新設立辦事處的負責人。

送禮實際上就是送人情。然而在現代社會，送禮被一些別有用心的人當成行賄的手段，一些價值千金的禮物被堂而皇之地送給能夠幫助自己辦事的人——這種禮物雖然貴重，但算不上是「人情」，因為這是一種赤裸裸的金權交易——這種作法也無法拉近自己與他人的關係，如果碰到正直的人，甚至會讓自己的形象一落千丈。

想要通過送禮的方式送出人情，就必須讓你的禮物充滿誠意。在準備禮物的時候，一定要精心挑選，讓對方在收到禮物的那一刻有一種驚喜的感覺；如果你隨便應付，對方不但不能從中感受到你的誠意，還會認為你對他根本不尊重。如此一來，送禮反而是把人情給送沒了。

我們在送禮的時候，一定不能把送禮當成一種簡單的禮尚往來，而應該重視送禮的真實意義。花點心思，送出一份別緻而符合朋友需求的禮物，相信定會使你們的關係變得非常融洽。

送禮的選擇沒有一定，而是要根據送禮的對象進行挑選，每一個人的興趣、愛好是不一樣的，千篇一律會顯得沒有誠意。必須根據受贈者的興趣、愛好，挑選他們最喜歡的禮物，這樣才能彰顯你的誠意、表達你的尊重。

送禮是與他人建立良好關係的一種有效方式，只要你善於送禮，你的人脈網絡就會越來越大、越來越穩固，事情也就越來越好做。

某中小企業長期承包大電器公司的工程，為了能夠穩定客戶，該公司的董事長總是試圖與那些公司保持穩定的關係。不過他的作法卻很特別，不像其他人是花重金去和大公司的高層搞好關係，反而是把重點放在那些中層和基層的員工身上。他三不五時地就會向他們贈送一些禮物，使那些人都認為自己欠了人情，於是都盡心盡力地幫助他的這間小公司。

比如，當他知道合作公司有一個年輕的職員剛升為科長的時候，他會立刻跑去祝賀，然後送上禮物；年輕的科長從未受過這樣的禮遇，自然對這位董事長心存感激。從此，在這位科長的權力範圍之內，他總是給這間小公司最大的優惠。

這名董事長沒有用重金去賄賂任何人，但他的小禮物卻讓很多合作公司的人對他產生極好的印象。因此他在激烈的競爭當中，始終沒有失去任何合作夥伴，生意還越做越大。

送禮能否送出人情，並不在於送的禮物有多貴重，也不在於是否常常送禮，而在於你送的禮物能否打動對方的心。小小的禮物雖然不值錢，但只要是包含心意的，一樣能夠讓對方心存感激。如果你想擁有更多的朋友，希望更多的人與你來往，那就買份禮物，送份人情吧。

平日裡的一聲問候

一天，突然發現好久沒跟同學聯繫了，可一拿起電話卻又不知道該說些什麼，於是長歎一聲，選擇繼續沉默……你是不是也曾如此呢？

人際關係往往會隨著時間的推移和距離的拉遠逐漸地淡漠，等到你再想起來的時候，卻發現一切都無法回到從前。長時間沒有聯繫，很容易使得朋友之間失去共同的話題。那麼，又該如何讓友誼變得長久呢？

事實上，上面這種情況的出現，其實隱藏著一種心理錯誤：你「以為」沒有話說，於是長而久之就失去了聯繫；但如果你能夠以「與朋友保持關係」為前提而保持聯繫，關係就不至於如此冷落。即使沒有話說，我們還是可以用簡單的問候來作為交流的方式，聽起來很俗氣，但卻非常有用。

每個人都希望被別人重視和關注，如果你能時常問候一下自己的朋友，他的心裡一定會感到溫暖，你在他心中的地位自然就會不一樣，關係當然也就不至於冷落下去。

阿剛和阿猛是大學時候的好哥兒們，住在同一間宿舍四年。畢業之後，兩人回到自己所在的城市開始忙碌的工作，半年間，兩人幾乎都沒有聯繫過。

阿剛在一切安頓下來之後，突然想起了阿猛，想問問他的近況，但一拿起電話，卻突然覺得不好意思開口，一種陌生的感覺油然而生。

但是，他還是決定要聯繫看看，畢竟兄弟情誼可不能因此失去。於是，他試探性地發出一封簡訊：「你現在忙嗎？最近在幹什麼呀？好久都沒有聯繫了。」過了一會兒，電話響了，是阿猛的電話。阿剛趕緊接了，兩個人又開始像在大學時那樣，暢快地聊了一整晚。一通電話使得兩人的關係瞬間拉近不少，半年的隔閡也消除了。從那以後，阿剛經常會發個問候簡訊給阿猛，阿猛同樣也會這麼做，兩人的感情並沒有因為分開而變得冷淡。

一句簡單的問候，對於通訊設備發達的今天來說，實在是再簡單不過的事情。可是，我們很多人卻忽略了這一點——關係熱絡的時候，往往不拘於這種小節；彼此忙碌的時候，又常常忘記；等到想起來時，卻又不好意思再問候一句——簡單的問候，是維持與周圍人們關係的一種方式，它投資最小、見效最快，能夠簡單的讓自己與朋友的關係始終保持熱度。

問候真的很簡單，佳節時可以送去一份祝福；平日時可以問候一下近況；失落時可以遞上一份安慰；開心時可以奉上一份祝賀——無論怎樣的問候，都會讓對方感覺到溫馨。平日裡的一聲問候，雖然不起眼，卻在人際關係中發揮著無可替代的作用。

在很多時候，我們都可以用問候來拉近與他人的關係。比如，我們在火車上結識了一個陌生人，可短短的時間內並不足以產生友誼，離開火車之後，我們該怎樣與他保持聯繫呢？直接打電話很可能會無話可說。這個時候，我們就可以隨時發個簡訊問候一下，多次問候之後，兩個人之間的距離就會拉近，你就多了一個朋友。

再比如，我們認識了一位客戶，卻始終不能把他的案子拿下，因為就工作談工作有時是非常困難的。那麼，我們就可以先與他建立私人感情，問候便又成了最有力的工具。

陳彤庭在一家房地產公司做銷售員，半年的時間裡賣出很多房子，成為公司的銷售冠軍。要說他的成功之道，其實很簡單……

彤庭剛進公司的第一個月，沒有完成半筆交易，正當他非常著急的時候，一名老銷售員因為臨時有事，就把自己的客戶介紹給了彤庭。彤庭非常激動，這是他的第一個客戶，他發誓一定要做成這筆交易。

這個客戶非常挑剔，彤庭費盡唇舌介紹了好幾間房子他都不滿意，無論彤庭說得天花亂墜，他就是不為所動。沮喪的彤庭實在是一點辦法也沒有。某天，那個客戶又來到公司，彤庭再次向他介紹一些精心選出來的房子；這個時候，客戶的電話響了，彤庭無意中聽到，那天剛好就是這個客戶的生日！當天晚上，彤庭就發了一條祝福簡訊給這個客戶，不過沒有得到回音。

但從那天之後，彤庭發現這個客戶不再像以前那麼難纏，也肯好好的聽自己說話了。最後，在彤庭的努力下，他終於和這個客戶做成第一筆交易。合約簽完的那天，客戶還邀請彤庭去吃飯。飯桌上，客戶表示彤庭為他挑選的房子他很滿意，並且很感謝彤庭長時間的努力。彤庭明白，一切都是自己那封祝福簡訊的功勞。

從那以後，彤庭和這個客戶一直保持著聯繫，後來的許多客戶也都是這個客戶介紹的。而在與其他客戶往來的時候，彤庭依然本著交朋友的心態與他們交流，每做完一筆生意，彤庭就多了幾個朋友。在這些人的幫助下，彤庭的業績蒸蒸日上。

問候是結交新朋友的好方式，也是維護與老朋友關係的有效手段。平日裡的一聲簡單問候能夠讓你擁有良好的人脈關係，進而編織龐大的人脈網絡。所以，從現在開始，不要再沉默寡言，在公司的時候，上班、下班都與同事打聲招呼，向上司問聲好；在家的時候，向遠方的朋友發一封問候的簡訊；在路上的時候，向與自己同路的人問一聲好。總而言之，問候無處不在，結交朋友也無處不在。

吃點虧，沒壞處

一提到吃虧，幾乎所有的人都會搖頭說：「憑什麼要我吃虧啊？」吃虧聽起來的確不是一件好事，因為吃虧意味著失去某些東西。然而，當與人出現紛爭與利益衝突的時候，總有一方要吃虧，如果你不肯吃虧，對方就要吃虧；如果每一個人都不願意吃虧，雙方必然會因此而吵鬧不休。無論結局如何，不肯吃虧的人往往都會失去良好的人際關係，得不償失。

其實，利益的紛爭並非一定要以你死我活的爭鬥來解決。只要你肯吃虧，事情完全可以圓滿地解決。主動將利益讓出去，看起來吃了虧，卻能夠讓即將因利益而破裂的人際關係得以修復。如果你肯先讓一步，對方也許會有感於你的大度，同樣也讓一步。

清康熙年間，文華閣大學士兼禮部尚書張英的家人與鄰居因祖宅問題發生了衝突。

兩家的宅子都年代久遠，難以釐清到底誰是誰非，雙方各執一詞，誰也不服誰。由於涉及重臣，當地官府也不願沾惹這件事，結果事情越鬧越大。

張家人寫信告訴在京城的張英，希望他出面擺平這件事。張英接到書信後，只寫了封回信：「千里家書只為牆，讓他三尺又何妨。萬里長城今猶在，不見當年秦始皇。」張家人接到書信後，明白了其中的道理，於是就將牆拆讓三尺；鄰居見到張家如此大度，心中有愧，也主動退讓三尺。就這樣，在兩家之間形成了著名的六尺巷。

吃虧是最好的人情投資，在人與人相處的過程中難免會出現利益紛爭與摩擦，如果不肯吃虧，非要分出個是非黑白，必然會因此而與他人大動干戈；即使最終能夠把利益盡收手中，事實上也已經得罪了對方，吃了大虧；相反地，如果你肯退讓一步，把利益讓給對方，你就贏得了人情，你的人際關係也會更加牢固。

人的發展必須建立在良好的人脈關係上，吃虧雖然讓你失去了部分利益，卻為你贏得助力與日後發展的人際關係。從長遠來看，這是大大有利的。

不僅是朋友之間，即使是與競爭對手之間，該吃虧的時候也是該吃點虧的。競爭對手是促使自己進步的人，雖然存在競爭，但也同樣是特殊的朋友，只有良性的競爭，才能讓你與競爭對手共同進步。因此，在競爭中善於吃虧，你的氣度必定能折服競爭對手，也能夠讓更多的人欣賞你，從而為自己贏得良好的發展環境。

孟啟霞所在的公司正在參與一個服裝品牌的夏季推廣活動，而她和兩個同事被安排負責這場活動的策劃。為了做好這次工作，爭取在行業內嶄露頭角的機會，她和同事犧牲了好幾個週末的休息時間，就在她的企劃案通過一層又一層篩選的時候，老闆突然要她把這個專案轉交給另一個同事來做，因為那個同事有很好的客戶資源，成功的把握更大一些。

啟霞非常不高興，自己幾週的努力居然被老闆幾句話就否定了，幻想的美好前景也因此化為泡影。啟霞很想和老闆爭辯，但她忍住了，她選擇吃虧，把這個機會讓給那位同事。

經過公司上下的努力，這個專案終於完成了，為此老闆親自主持慶功會。慶功會上，那名接收負責專案的同事鄭重地向啟霞表示感謝，老闆也沒有忘記啟霞為公司付出的努力，給了孟啟霞晉升的機會。

「忍一時風平浪靜，退一步海闊天空」，人與人相處原本就應該互相謙讓，這樣才能讓關係向更好的方向發展。平時吃點虧是一種長遠的人情投資，它會讓你在將來收穫更大的回報；事實證明，吃虧所帶來的損失遠遠小於人情投資的回報。

人情是一種長期投資

人情投資與做生意不一樣。做生意講究快速得到回報，然後進行資金的運轉，以求獲得更大的利益。人情投資則是一種長期投資，在短時間內是很難看到回報，甚至可能永遠也得不到回報。人情投資，是一段不停與他人建立良好關係的過程，在這個過程中，你的投資或許根本就無法獲得對方的回報，又或者是隨著你事業的順利發展，最終並不需要對方的幫助。

但如果你因此就認為人情投資可有可無的話，那就大錯特錯了！在每個人的人生發展過程中，都需要他人的幫助，但究竟誰能真正地幫助自己，則是任誰都無法預料的；我們只有不斷擴大並羅織自己的人脈關係網絡，才能在我們真正需要幫助的時候從中受益。

所以，我們應把人情投資作為一種常態性的活動；甚至進一步的說，為了防杜自己急功近利的心態，我們或許應該暫時忘了幫助他人本身就是一種「投資」。只要我們單純地把幫助他人作為人生的樂事，或許回報就會在將來某一個時刻不經意地到來。

一對年老的夫婦在風雨交加的夜晚來到一家旅館投宿，但所有的客房都已經住滿了，老先生對服務生說：「我們是外地來的遊客，人生地不熟，又遇到這樣的天氣，真不知道該怎麼辦。」服務生不忍心讓這對老夫婦再回到風雨之中，便對他們說：「如果您二老不嫌棄的話，我把自己的房間讓給你們好了。」這對老夫婦感激地說：「這太打擾您了。」服務生回道：「我要在這裡工作到早上，請您放心，這不會給我造成任何的不便。」於是，服務生就將這對夫婦帶去自己的房間暫住一宿。

第二天早上，老人要付給這位服務生住宿費用，服務生婉拒了。老人感歎地說：「你這樣的員工真的是任何老闆都夢寐以求的，我將來也許要為你蓋一座旅館。」不過，年輕的服務生並沒有把這句話放在心上。

幾年以後，這位服務生突然收到一封信，是當年那位老先生寄來的！他邀請這位服務生去曼哈頓，並附上了往返的機票。於是這個服務生來到了曼哈頓，老先生將他帶到一棟豪華的建築物面前說：「這就是我專門為你建造的飯店！」

多年過去了，當年的那家飯店已經發展成為今天美國著名的華爾道夫飯店（Waldorf Astoria Hotel），而那位年輕的服務生就是第一任總經理，喬治．波特（George Boldt）。

即使是白手起家的成功人士，在他成功的道路上也必然有著「貴人」相助，而所謂的「貴人」往往就是人情投資時的對象。很多時候，我們並不知道自己的「貴人」在哪裡，也許在不經意間，我們已擦肩而過很多次；我們之所以會一次次地錯過，就是因為我們忽略了隨時隨地的人情投資，那些曾經出現在我們面前的，熟悉的、不熟悉的、認識的、不認識的人，本都應該成為我們可能的「貴人」，但我們卻往往缺乏那雙洞若觀火的慧眼。

放長線才能釣大魚，但凡成就大事的人往往具備極強的忍耐力，他們總是在不動聲色中積蓄能量，做到厚積薄發，等到真正需要的時候，他們才顯示出無與倫比的能力；人情投資也是如此，眼睛不能只盯著眼前的利益得失，而應該考慮到將來更長遠的大局。

人情投資就像釣魚，必須沉得住氣。如果你總是在浮漂一動的時候就收線，那麼註定會毫無所獲；如果你能靜下心來，等到魚兒咬實了鉤再往上扯，那才能真正有所收獲。細如流水的人情投資必然能夠在將來匯聚成汪汪大河。

朝鮮歷史上首位女性御醫——大長今，是前些日子最為火紅的電視劇，而女主角徐長今的成功，就源於她懂得長遠的人情投資。

長今一家原本隱居山林，父親是因宮廷鬥爭而隱退的內禁衛軍官，母親則是因宮廷鬥爭而遭人陷害、差點死於非命的宮女。後來，因宮廷鬥爭，她的父母最終全成了犧牲品，而她則輾轉成為一名宮女。

在整個宮廷中，鬥爭紛繁複雜，長今憑藉自己的聰明才智，為自己贏得數名「貴人」的相助。她母親的友人是第一位貴人，那就是韓尚宮；第二則是她無意中施予援手的閔政浩；第三則是多栽軒與鄭雲白(內醫院主簿)結下的善緣；第四是與連生(連生後來成為妃子，加強了長今在宮內的勢力)的真摯感情。這些人在長今周圍構建了一個完整有力的關係網，這正是她能夠成功的有力保證。

人情投資是一項長遠的投資，更是一項不得不做的投資，如果你認為它的回報太慢而不願意在這上面花費工夫的話，那你必然難以取得成功。

3 CHAPTER THREE 事半功倍的「溝通技巧」

先為對方著想吧

溝通是連接人與人之間的橋樑，無論做什麼事情都離不開溝通：與人交往需要通過溝通增進情感、打理生意也需要溝通進行談判，只有做好溝通，才能事半功倍。說白了，溝通就是談話，想要讓談話順利進行，就必須按照對方的需求、說一些對方喜歡聽的話。只有站在對方的角度上設身處地的為對方著想，你的話才能給你帶來價值。

所以，溝通的前提就是要先為對方著想，只有為對方著想，對方才能感受到善意與尊重、才願意聽你的談話，而在這個過程中，你也才能將自己的意願與想法表達出來，與對方建立起良好的關係。如此，才真正達到溝通的目的。

二十世紀初被公認為「魔術師中的魔術師」的郝萬．哲斯頓，在那個時代裡，以精彩的表演讓超過六千萬人買票進場看表演，其成功的秘訣就是懂得如何從關懷觀眾的角度出發，懂得充分表現人性。哲斯頓說：「許多魔術師都會看著觀眾，然後對自己說：『坐在台下的那些人都是一群傻子和笨蛋，我可以把他們騙得團團轉。』」哲斯頓的方式卻不同，他每次上臺，都會對自己說：「我很感激，因為這些人來看我的表演，就是我的衣食父母，是他們讓我能夠過上舒適的生活。因此，我要把我最高明的手法表演給他們看。」

「你想別人如何對待你，你就要先如何對待別人。」這條定律不僅適用在為人處世上，也適用於溝通之中。溝通是一個雙向的過程，如果有一方不願意進行下去，溝通就無法完成；我們必須先為對方著想，對方才會樂於傾聽並給予正面回應，也才能使溝通形成良性循環。

無論我們是要通過溝通建立與他人的良好關係，還是要通過溝通向對方推銷某種東西，抑或是進行生意上的談判——前提都是必須先為對方著想。

比如說，我們想要建立與他人的良好關係，就必須選擇對方感興趣的話題，對方才會給予回應；再比如，我們要向他人推銷一種產品，我們就不能站在自己的角度來強調產品的好處，而應該從對方的角度出發，思考對方可以從這樣產品中滿足什麼樣的需求，這樣對方才會因自己的需求而聽你的述說，並在最終買下你的產品。

英國某家皮鞋廠的一位推銷員，曾多次拜訪倫敦的一家皮鞋店，但每次拜會的請求都被鞋店老闆拒絕。

一天，他又來到這家鞋店，口袋裡裝著一份報紙，上面刊登著一則關於變更鞋業稅收管理辦法的消息；推銷員認為這則消息可以幫助店家節省很多費用，於是想拿給鞋店老闆看看。

他來到鞋店前，再次對一位鞋店售貨員說：「請轉告老闆，說我有法子讓他發財，不但可以讓他大大減少訂貨費，還可以賺大錢呢！」不多久，鞋店老闆就叫人把他請了進去。

作為一名推銷員，你與客戶進行溝通的目的，是要讓客戶買下你的產品；但站在客戶的角度來說，買你的東西意味著「要花錢」，他自然會想迴避你。要想順利地將自己的產品推銷出去，你就必須讓對方覺得購買你的產品是「賺」而不是「賠」。作為推銷員，你的身份不僅是推銷員，還必須把自己定位成客戶的朋友或是顧問，為他著想，這樣他自然就會樂於聽你的說話。

同樣的，如果你的公司剛成立，既沒有名聲、又沒有強大的實力，想要與其他的競爭對手進行競爭，就必須堅持「設身處地」的戰略。當你能證明與你合作確實是有利可圖的時候，合作對象就必然會被你說服。

查理斯開辦了一家討債公司，但一直沒有什麼大客戶，讓他苦惱得很；於是他決定把銀行作為自己最大的客戶，只不過，銀行這塊硬骨頭可是不好啃的。

這一天，他來到銀行，銀行的負責人史密斯先生對他的討債業務並不感興趣，他對查理斯說：「我手中的討債公司已經有很多了，請問你的公司有什麼特別之處嗎？」查理斯將自己討債公司的收費方式介紹一番，但史密斯先生明顯不感興趣。

不過在閒談中，查理斯瞭解到，銀行大部分的追債業務都是它自己完成的；於是，查理斯話鋒一轉，開始比較由討債公司和由銀行自己討債所付出成本的高低，通過他的縝密分析，史密斯先生最終同意由查理斯的公司全權代理銀行的討債業務。

總而言之，溝通不是自說自話，而是建立在相互理解和相互認同的基礎之上。在溝通的過程中，你一定要先為對方著想，讓你的話在第一時間擊中對方的心坎、獲得對方的認同；當你能夠站在對方的角度為他考慮的時候，他必然也會相應地去理解你的處境——在這種相互理解中，就能夠較為容易的產生出良好的溝通。

語氣和表情比內容更重要

在溝通的過程中，除了談話的內容會影響對方對我們的評價，左右溝通的進行外，語氣和表情也會對溝通造成極大的影響。

對方耳中聽到的，不僅是談話的內容，還會注意我們說話時的語氣，同樣的一句話配合不同的語氣，其包含的意義有時是可以完全不一樣的。比如說，同樣是「你真是個混蛋」，當別人開著玩笑對你說、還是咬牙切齒地對你說時，那感覺肯定是完全不同的。

而眼睛則是人類所有感覺器官中最敏銳的一個，你的表情會在第一時間內就被溝通的對象注意到，如果你的表情不善，對方必然會對你的談話內容不感興趣。所以，在溝通的過程中，我們的表情和語氣決定了他人是否會對我們抱有好感，如果我們想要在第一次與對方溝通的時候就贏得對方的好感，進而發展出良好的人際關係，那就必須隨時注意自己說話的語氣和表情。

今天是李馨芸兒時好友要來家裡做客的日子，馨芸為此忙了一整天。從一大早開始就打掃整間屋子、換上新的地毯和窗簾，然後去街上買菜，最後再煮一頓豐盛的大餐。做完這些工作之後，馨芸已經感到疲憊不堪。

門鈴響了，有氣無力的馨芸滿臉倦容地去開門，好友一進門就給了她一個大大的擁抱；但疲憊的馨芸卻顯得非常慵懶，表情也顯得有些提不起勁。當老友發現她這副模樣後，剛來時的熱絡與致登時也減了不少，於是兩人靜靜的談了幾句，一個小時後，老友就找個理由先告辭了。

事實上，在談話開始之前，我們的表情就已經在起作用。親切自然的表情不但會給對方留下好印象，還能為談話的開展建立一個良好的氛圍；反之，則會讓談話在不愉快中進行。在談話的過程中，雙方皆可從彼此的表情中捕捉對方的內心世界，因此，每一次與他人進行溝通之前，我們都應該先調整好自己的情緒，讓自己的表情更加自然、親切，以此向對方表明自己非常重視這次談話。

同樣的，語氣也會反映出我們的內心世界，不同的語氣中包含著不同的情感。當我們用冰冷的語氣與他人談話時，這暗示著不願意與對方談話，而對方一旦捕捉到這一點，溝通的氛圍立刻就會降至冰點；相反地，當我們用熱情的語氣和他人談話時，這就表現出我們對這場談話充滿期待，對方如果覺察到這一點，也就會對這場談話更加充滿興趣和信心。

每個人在這個社會中都扮演著不同的角色，溝通的目的也不盡相同，語氣的選擇自然也就會有所不同。比如說，作為一個演講者，他的工作就是演講，目的就是為了引起台下聽眾的共鳴，所以他在演講的時候就必須熱情洋溢、激情四射，這樣才能引發台下聽眾的關注；而作為一名教師，他說話的目的是為了傳授知識、講明道理，所以他沒有必要像演講者那樣慷慨激昂，只需要用平和的語氣將所需傳授的知識說出來就行了；至於作為一名接待人員，他說話的目的是為了讓訪客有賓至如歸的感受，所以他必須用熱情、愉悅的語氣進行溝通……總而言之，語氣的選擇應與溝通的目的相互配合。

語氣和表情在溝通中的作用非常重要，在與別人進行溝通的時候，除了要注意說話的內容外，一定也要注意表情與語氣，這樣對方便能從你的表情和語氣中捕捉到你對這次談話的真誠，讓談話的內容更受對方歡迎。這對於溝通的順利進行而言可以說是至關重要的。

不是所有的錯誤都需要批評

世上有這麼一種人，他們總是分分秒秒地關注別人，然而他們不是關注別人做出了什麼成績，而是關注別人做錯了什麼；他們一旦發現有人做錯了事，就會以高高在上的姿態進行批評。這種人往往不會有什麼好的人際關係，因為每個人都不希望被批評，即使真的做錯也不希望被人發現；所以這些總在挑別人的毛病的人，無端數落別人的人，自然會在人際關係上出現隔閡，無法擁有良性的人際溝通。

「人非聖賢，孰能無過，過而能改，善莫大焉。」如果發現別人的錯誤，選擇告知對方是必要的，適當的批評也是應該的；然而，並不是所有的過錯都需要被批評，如果你總是盯著別人的小錯誤不放，難免會有吹毛求疵之嫌，即使你的出發點是好的，也會給身邊的人造成不快，最終影響彼此的關係。批評可以，但不要變成常態，否則你的好意就可能被別人誤以為是在「找碴」。

有一次，卡內基去參加一個宴會，宴會上某個客人引用了「謀事在人，成事在天（Man proposes, God disposes.）」的格言，並說此話出自《聖經》。卡內基當時為了表現自己淵博的學識，便指出此話其實應該是出自莎士比亞。那客人因此惱羞成怒，與卡內基爭辯起來。

當時，卡內基的老朋友葛孟也在現場，他是研究莎士比亞的專家，於是卡內基便向葛孟求證。不過葛孟此時卻在桌子底下踢他一腳，然後說：「你錯了，這位客人是對的，這句話出自《聖經》。」這下，卡內基頓時啞巴吃黃蓮，有苦說不出。

回家的路上，卡內基很不服氣地質問葛孟道：「那句格言明明是出自莎士比亞的戲劇！」

葛孟回答：「當然是出自莎士比亞的《哈姆雷特》，可是你為什麼非要去證明他錯了呢？我們大家都是宴會上的客人，為什麼不保住他的面子？」

卡內基由此事得到了深刻啟發：對於一些無關緊要的小錯誤，不必斤斤計較、求全責備。

過度批評他人，只會給自己帶來困擾，過多的批評非但不能幫助對方改正錯誤，反而會與他人產生不愉快。所以，又何必多此一舉，費時費力呢？批評的目的不是為了彰顯自己的優秀，而是為了幫助對方意識到自己的錯誤，以免再次犯類似的錯誤。如果你是為了批評而批評，那麼必然會引起對方的反感。

批評就像一把雙面刃，用得好，能夠救人性命；用不好，則會傷人害己。使用這把鋒利的刀子，得要把握好用力的大小，才能切除對方的錯誤而不傷到對方的皮肉；如果用力過猛，不僅不能切除錯誤，反而會傷及筋骨。所以，當對方做錯的時候，我們切不可急火攻心，立刻就批評對方，畢竟每個人都不希望被批評；太過直接的批評，會讓對方用激烈的方式來對抗我們的批評，使得好意變惡意，最終雙方鬧得不歡而散。

批評往往比較容易發生在上級與下級、長輩與晚輩之間，地位較高的人通常都會採用較為直接的批評方式來指責他人的錯誤，由於地位上的超然，上級在下屬做錯的時候，大多會不顧及下屬的心理感受橫加指責，而這種作法太過，就會激起下屬強烈的反抗意識，進而導致整個部門效率的低下。

英國行為學家波特說：「當遭受許多批評時，下屬往往只會記住開頭的一些，其餘的就不聽了，因為他們忙於思索論據來反駁開頭的批評。」這句話告訴我們，過多的批評只會讓別人僅僅記住你的話對他造成的傷害，而不會意識到自己的錯誤；所以，想要成為一名優秀的管理者，就應該避免高高在上的姿態，避免對下屬的錯誤指指點點，而應該以激勵、寬容為主，給下屬創造一個好的環境，讓他們能朝更好的自我改進。只有這樣，他們才會真心地佩服你、擁護你。

一次，胡雪巖的胡慶餘堂中，有個採買人員不小心將豹骨當作虎骨給買了回來，而倉庫的管理員余先生出於對這名伙計的信任，並沒有驗貨，就存進了倉庫。後來，余先生的一個副手知道了，就跑到胡雪巖的面前告狀。

胡雪巖趕緊到倉庫驗貨，那批虎骨果然都是假的，雖然花了幾千兩銀子，但胡雪巖還是堅持把這些假的虎骨全部當眾銷毀。面對這種情況，倉庫管理員余先生向胡雪巖遞了辭呈。

胡雪巖並沒有批准他的辭呈，也沒有責備他，只是好言勸慰說：「忙中出錯，在所難免，以後小心就是了。」按理來說，余先生的疏忽導致胡雪巖損失慘重，胡雪巖即便不開除他，數落他一頓也是無可厚非的；但胡雪巖知道，事情已經發生，說什麼都沒有用了，況且余先生已經知錯，沒有必要再在傷口上撒鹽，何況余先生還是個人才，以後還用得著。

胡雪巖允許員工犯錯，而且也不當眾指責員工的過錯。這讓他的員工非常安心，人人都願意盡心盡力地為他工作。

肉體的傷痛可以隨時間的推移而好轉，心靈的傷害卻始終難以抹平，即使已經痊癒，也會留下深深的疤痕。語言帶給他人的傷害就是心靈上的傷害，古人說：「口能吐蓮花，也能吐蒺藜。」如果我們用「鋒利的批評」刺傷他人的心靈，就一定會讓周圍的人遠離自己；如果我們能用溫和的言語循循善誘，必能融冰化雪，拉近彼此的距離。

說得多不如說得巧

當朋友失意的時候，你是否會喋喋不休地用一些老套的話語來安慰他？當你想要獲得別人認同的時候，是否會喋喋不休地重複自己的觀點？當你試圖讓別人接受你的意見時，是否會不厭其煩地在別人的耳邊聒噪？

然而，你的努力最終有多大的成功率呢？

談話的品質不是由多少來決定，而是由說話的技巧來決定。很多時候，即使你說得天花亂墜，也不一定會被別人接受；相反地，那些懂得說話技巧的人，簡短的幾句話就能起到振聾發聵、醍醐灌頂的效果。

說話是一種藝術。同樣一件事情，從不同的人嘴裡說出，傾聽者的反應會是截然不同的。如果不懂得如何巧妙地表述自己的觀點，溝通必然會以失敗告終；如果說話的方式不對，話說越多錯越多，對方自然會對你反感；

「禍從口出」，說話不當必然給自己招來禍患。

明太祖朱元璋出身貧寒，給地主放過牛，還出過家。做了皇帝之後，他以前的一些窮哥兒們紛紛來到京城，希望能撈到一些好處。但這個時候的朱元璋已經是皇帝，身份不同了，自然不希望別人知道自己的出身。因此，他把大多數人皆拒之於門外。

有一個和朱元璋一起長大的朋友從鳳陽老家趕到京城來找他，花了很大的功夫才進了皇宮。這位老兄一見朱元璋的面，就當著滿朝文武大聲嚷嚷：「朱重八，你當了皇帝還認識我嗎？咱倆可是一起光著屁股長大的。有一次，咱倆一起偷豆子吃，豆子還沒煮熟，你就先搶著吃了，把煮豆子的罐子都打碎了。你吃得太急，豆子卡在嗓子眼兒，還是我幫你弄出來的。你都不記得了嗎？」

朱元璋本來還打算好好打賞一下這個老友，也讓滿朝文武看看自己是多麼重情義。殊不料這個不識時務的朋友淨說些他不想讓別人知道的事，還沒等那位老兄說完，朱元璋就下令將這個人殺了。

朱元璋的另一個朋友就聰明多了。他也來找朱元璋，和前一位朋友也說了同一件舊事，但這個人卻是這樣說的：「我主萬歲！當年微臣隨駕掃蕩廬州府，打破罐州城，湯元帥在逃，拿住豆將軍，紅孩兒當關，多虧菜將軍。」朱元璋聽得高興，立刻就給他封了官。

直言不諱聽起來不錯，但在現實生活中卻往往會招致怨恨。每個人都有自己不願意被人提起的事情，即使你是他最好的朋友，那些事情依然是不該碰觸的地雷。比如說：你碰到一個十多年沒見過的同學，欣喜若狂，於是熱情地邀請對方參加同學聚會。在聚會中，你為了顯示自己曾經和對方多麼要好，便將小時候的糗事一件一件地都說將出來，就在你說得非常高興的時候，對方突然翻臉，桌子一拍就走了人——這種事情在現實生活中其實很可能會發生，最關鍵的原因就是不懂得如何說話——為了表現出兩人過往的親密關係，其實大可多說些過往發生的好事，通過讚揚的方式，便能讓對方臉上有光，更能讓彼此的關係重新加溫。

至於在其他更多的情況下，與對方溝通的目的，有時就是為了勸服對方聽從自己的意見。回首歷史長河，有多少仁人志士的一片丹心卻換不回君王的回首一顧；但也有一些人能夠巧妙的運用語言技巧去打動君王的心——比干勸紂王，慘遭剖心；鄒忌諷齊王納諫，齊王悅從——這就是區別。

唐太宗李世民的皇后長孫皇后，賢良淑德，在李世民一生的豐功偉業中，也該算上她一份功勞。她時常會針對唐太宗的錯誤，技巧性地進行勸諫，讓唐太宗能即時改正，最終締造貞觀之治。

有一回，唐太宗散朝歸來，怒氣衝衝地對長孫皇后說：「我要是不殺掉這個可惡的莊稼漢，我的尊嚴遲早會蕩然無存！」

長孫皇后一聽，就知道唐太宗在生魏徵的氣。魏徵一向直言進諫，從來不給唐太宗留面子，這一次不知道又是為了什麼惹怒唐太宗。

長孫皇后沒有多說什麼，而是換上了皇后的禮服，這個服裝往往是在祭祀等大典時才穿的。長孫皇后來到唐太宗的面前，給唐太宗行了一個大禮，這個舉動讓唐太宗感到詫異，完全不明白長孫皇后到底為什麼要這麼做。

長孫皇后說：「臣妾曾經聽說，只有英明的皇上，才會有正直的臣子。魏徵之所以如此正直，都是由於您的英明而造成的。既然如此，臣妾怎麼能不向皇上祝賀呢？」

唐太宗聽了長孫皇后的話，怒氣全消，反而意識到自己的錯誤。於是魏徵因禍得福，反而在不久後還升了官。

既然要勸服對方，就必須從對方的角度出發，以對方能夠接受的方式說話。唐太宗身為皇帝，自然有皇帝的架子和狂傲，因此長孫皇后用了一種委婉的方式進諫，而太宗當然不會排斥這種勸諫；假如長孫皇后直斥其非，不僅魏徵會沒命，連她自己也會受到牽連。

現代人雖然沒有皇帝的權威，但骨子裡都有根深蒂固的自我意識，因此想要勸對方聽從我們的觀點也是一件不容易的事情；如果我們以強硬的姿態向對方灌輸我們的觀點，必然會遭到抵制，最終還會傷害彼此感情。所以，在溝通的過程中，說得多不如說得巧。如何讓對方快速地接受自己的觀點，是每一個人都需要思考的問題。

聆聽，也是溝通的一部分

「溝通首先是傾聽的藝術。」然而在很多時候，一提起溝通，我們的第一反應就是要如何說服對方，卻往往忽視了傾聽的價值——事實上，傾聽是溝通的基礎，只有聽懂、理解對方的意思後，我們才能據此而用恰當的語言去說服對方。多數時候，適時地傾聽往往比喋喋不休更有效。

傾聽是對他人的一種尊重，更是對他人的一種褒揚。如果你一直喋喋不休地不給對方任何表達意見的機會，對方自然不會想要繼續談話；反之，如果你能夠注意傾聽對方的說話，對方就能夠從你的傾聽中獲得被重視的滿足感，這樣一來，你與對方之間就能夠形成良性的溝通。

陳夢露是一名房產經紀人，這天有個客戶打電話過來，說要找一間房子。對方還沒說條件，夢露就開始自吹自擂，說自己的公司多麼專業、服務多麼周全、自己多麼認真，強調自己一定能夠幫對方找到一間滿意的房子。等她喋喋不休地說完後，客戶才有機會把自己的要求說出來。

過了幾天，她找到了一間自以為非常符合客戶需求的房子，於是就打電話約客戶看房，可看房時客戶卻表示這與自己的要求並不相符；於是夢露又開始勸客戶乾脆買下這間屋子，叨叨絮絮的不斷猛誇房子的好。最後客戶實在無法忍受她的疲勞轟炸，丟下一句：「不買了。」然後就直接走人。

如果溝通的目的是為了說服對方，你就必須在溝通的環節與客戶商議，而不是一味地將自身觀點強加於客戶。喋喋不休容易使「溝通」變成你一個人的表演，而客戶反成了被動的接受者，這樣的溝通是任何客戶都無法接受的。只有本著互相理解的原則，注意傾聽客戶的意見，你與客戶的溝通才會相對容易，成功的機率也會大增。

在溝通的過程中，總是難免會遇到障礙，這時如果你以強硬的姿態與對方進行激烈爭辯，最終必將不歡而散；如果你在這時選擇聆聽對方的意見，劍拔弩張的氣氛就能得到緩和，得以重新創造良好的溝通氛圍，最終促使溝通的目的達成。

一名顧客在一家服飾店裡買了件衣服，但第一次洗的時候就發現衣服掉色，於是他回到店裡要求退貨，但售貨員卻聲稱衣服沒有問題。最後這名顧客和售貨員大吵起來，店裡的生意也受到影響。

經理趕來之後，很快就將事情解決了。首先，他讓售貨員停止和顧客吵架；然後，請顧客說出事情的始末。在這期間，他與售貨員都沒有插話，等顧客發洩完，經理再提出解決辦法：他首先告訴顧客衣服掉色的原因，然後請顧客再穿一週，如果衣服仍然掉色的話就可以無條件退貨。顧客得到滿意的答覆，也就離開了。

說服對方的方式有很多種，而爭辯是最不理智的一種，無論是出於面子原因、還是出於自負原因，對方都不會輕易在爭辯中認輸並接受你的意見；如果在溝通的過程中與對方產生激烈地爭辯，你應該立刻停止衝突，以免爭辯升級成為無法調解的矛盾。

願意傾聽對方的意見是一種誠意的證明。正所謂「投桃報李」，對方同樣也會因此放低姿態，願意傾聽你的意見。那麼，事情就可以在互諒互讓中圓滿解決。

身體比嘴會說話，讓親和力成為溝通的最佳工具

在人與人溝通的過程中，除了聲音語言外，肢體語言也承擔著重要的溝通作用。美國加州大學洛杉磯分校的溝通研究人員艾伯特．麥拉賓（Albert Mehrabian）博士在一九八一年時研究發現，一條完整資訊的影響可以分解如下：7％說話內容（言語）；38％聲音（音量、語調、節奏等）；55％視覺上的肢體動作（多數為面部表情）。其次，肢體語言比口頭語言更加具有可信度，最能表現說話者的真實想法。

在溝通的過程中，口頭語言與肢體語言的配合非常重要，如果你不注重肢體語言，你的口頭語言可能會失去效力——因為肢體語言會洩露出你的心口不一——對方可以從你的肢體語言中判斷出你的真實想法；所以，為了溝通能夠成功，除了要對口頭語言多加斟酌，千萬也不要忘記肢體語言的

配合。

有一個人進餐廳點了酒菜，吃完之後卻發現忘了帶錢，於是就對老闆說：「老闆，今天忘了帶錢出門，改天我再送來。」店老闆連聲說：「沒關係，沒關係。」還爽朗的笑著把那人送出了門。

一個無賴看見了，便也走進餐廳要了一桌的酒菜。吃完後，他也是摸摸口袋，然後說：「老闆，今天忘了帶錢出門，改天我再送來。」誰知老闆這次卻是馬上變臉，揪住他不放。

無賴大聲喊道：「為什麼剛才那個人就可以賒帳，我就不行？」

老闆說：「人家吃飯是斯斯文文的，一看就是正人君子，不會賴我幾毛錢。你呢？筷子亂拋，狼吞虎嚥，吃上癮來連腳都上了椅子，酒還是大口大口的就著瓶口乾，擺明就是個無賴之徒，我豈能饒你！」

老闆的一席話讓無賴無話可說，只得把衣服留下當是酒菜錢。

一個人的舉止動作是一個人的思想感情、文化修養的外在體現。一個品德高尚、有涵養的人，其舉止動作必然優雅；一個缺乏內涵與教養的人，必定難以做出高雅的姿態來。在人際溝通中，我們一定要留意自己的形象，注意自己的肢體動作，因為那是對方評價我們的一面鏡子。

肢體語言的使用往往會影響溝通的結果：當你眉頭緊鎖、交叉雙臂的時候，代表「我很生氣」，溝通恐怕就無法再進行下去；當你臉露微笑，身體前傾的時候，就表示「我很願意聽」，溝通的氛圍自會更加和諧。所以，我們必須學會肢體語言的使用，讓我們更加具有親和力，促使溝通順利完成。

親和力是有效溝通的中心，一個具有親和力的人即使是面對陌生人，也可以快速地贏得對方的信任。親和力就是一種共鳴，就是對方能夠從我們身上感覺到的一種親近的態度，這種感受往往來自於肢體語言的使用；當我們的肢體語言與對方同步的時候，親和力就自然而然地產生了。親和力不是一瞬間達成的，但我們可以通過肢體語言的使用，不斷地增強這種親和力。

1.肢體動作的同步。

肢體動作包括姿勢、眼神交流的次數、對方手勢的速度與大致的頻率……等，這些在溝通的過程中非常重要。根據對方的動作來決定我們的動作，以相配合的肢體語言使對方感覺到我們的親和力；當然，在進行肢體動作同步的過程中，最重要的是要保持自然，千萬不能做作。

2.聲音的匹配。

聲音的匹配在商業界裡被認為是建立親和力的最好方法，通過語調、音量、節拍和韻律等的配合，可以快速地和客戶進行有效的溝通。例如，當應對客戶投訴的時候，應該和應對客戶諮詢時的語調有所不同。

3.交叉模仿。

這是一種間接性的匹配。在與對方進行溝通的時候，注意對方不斷重複的動作，並且用同樣的動作進行配合，這樣一來，我們就可以在潛意識中與對方進行溝通。

4.呼吸的同步。

呼吸在溝通中也占有重要的角色。當我們的呼吸節奏與對方保持一致的時候，信賴感就會產生！

總之，通過肢體動作、聲音、呼吸等方式與對方取得同步，我們就能更容易獲得對方的接受和信任。通常而論，肢體語言本當是在潛意識支配下出現的，但為了溝通的順利進行，我們也可以有意識地去進行它們。

向下溝通，尊重的價值

造成人際溝通障礙的要素有很多，地位的高低是其中很重要的一個。在地位懸殊的情況下，溝通容易變得異常困難，地位高的人習慣頤指氣使，往往會忽略對地位低的人的尊重；地位低的人感受到不尊重之後，自然也就不願意繼續進行溝通。

上對下的不尊重是社會中的普遍現象，在職場中表現得尤為明顯，那些處在管理階層的人往往對處在基層的員工不尊重，常會使用一些有損員工自尊的言語；而深深地傷害員工自尊的結果，員工不是默默忍受，就是大吵大鬧——但不論哪一種結果，都不會是管理者希望看到的——因為管理者需要員工的積極性，可是被刺傷自尊的員工又怎麼可能積極工作呢？

「人要臉，樹要皮」，每個人都把自己的尊嚴看得非常重要，無論你的地位有多高，都沒有資格去損傷別人的尊嚴。如果你在溝通的過程中不斷傷害員工的尊嚴，最終必將導致整個團隊分崩離析。

一個盛夏的中午，一群工人正在休息，監工看到後就把大家臭罵了一頓，說大家拿了工錢卻在這偷懶，是可恥的。

工人們怕監工，立刻都站起來去工作，可是監工一走，他們又停手了。

其實，那位監工不瞭解人們的心理，其強硬的態度反而引發了人們的逆反心；事實上，他如果和顏悅色地說：「天氣真是熱死人，坐著休息還是不斷地流汗，真是辛苦大家了。可是，工作時間緊湊，讓我們忍耐一下，趕一趕好嗎？如果能早點兒幹完，就可以早點回去沖澡休息了。」相信工人們聽到這番話，一定會忍著酷暑去工作的。

溝通必須建立在平等的基礎上，如果你以自己所擁有的權力來壓員工，非但難以讓員工變得積極，甚至還會招來員工的怨恨。管理者所處的位置，並不是為了讓管理者以刺傷員工尊嚴的方式來找樂子，反之，是要管理者用最好的辦法來激發員工的工作熱情。如果忽略了這一點，就不是一個合格的管理者。

孔子說：「己所不欲，勿施於人。」在你試圖與員工進行溝通，並想要說服員工的時候，一定要先換位思考一下：如果別人以傷害你尊嚴的方式來說服你，你能接受嗎？

如果你也無法接受，就不要用這種方式對待自己的員工。地位不論高低，人格上都是平等的，作為一個管理者，在溝通的過程中，應該注意以下幾點：

首先，要善於傾聽員工的想法。

基於地位的不平等，員工往往不願意將自己的「心聲」吐露給上司，這必然會造成溝通上的障礙。所以，管理者應該善於傾聽，誘導員工說出心裡話，為溝通創造一個良好的氛圍。

另外很多時候，當出現問題時，某些管理者會武斷地將錯誤歸咎於員工身上，不給員工任何解釋的機會；次數多了，員工自然就不願意再與上司進行交流，溝通的障礙也會逐漸形成。所以，管理者一定要學會傾聽，只要你肯去聽，就能讓員工感到尊重，員工會對你非常感激。

其次，不要把自己的觀點強加給員工。

大多數管理者會犯一個毛病，就是在溝通的時候，容易把自己的觀點強加給對方。這就造成了對方的不樂意，導致溝通不暢。

高高在上的管理者總是以自我為中心，並不明白基層的工作，所以他們強加的觀點往往讓基層的員工難以接受；但由於處在職場中的弱勢地位，幾乎沒有一個員工會主動反駁上司的觀點，長久累積之後，員工的自主性得不到尊重，就會逐漸產生對上司的不滿。

再次，主動與員工進行溝通。

管理者應該主動和員工進行溝通，瞭解員工的真正想法。在主動與員工溝通的時候，不要仍帶著職位上高人一等的身分，那會讓員工很不舒適，他們甚至會因此拒絕溝通；你可以採取閒聊的方式，以淡化職位高低對溝通造成的影響，引導員工暢所欲言。

向上溝通，以事實為本

向上司提意見，是每一個人都可能會面臨的超級難題，因為在工作中經常會發生與上司意見不合的狀況。在這個時候，套用《哈姆雷特》裡的一句話：「提還是不提？這是一個問題。」如果向上司提意見，被上司採納，那是萬事大吉；萬一不被採納，還碰一鼻子灰，對以後的職場發展都會產生不利的影響。可是如果不提的話，自己憋在心裡也不舒服，甚至會影響到工作。

基本上，如果你的上司是一位通情達理的人，他是不會排斥你向他提意見的，因為這至少能表明員工對自身公司企業發展的關心；而作為員工，你也有責任和義務就公司的營運和上司的決策等問題提出自己的意見。只是，這件本該兩廂情願的事情，卻未必能夠在愉快中進行，甚至常常會因為提意見而導致了上下之間的直接衝突。

之所以會這樣，其實通常不是因為意見本身，而是因為提意見的方法出了問題。

李莉玲是公司的財務經理，她總是對老闆心懷不滿。她認為，名牌大學出身的自己比老闆能力強，而且公司的進帳出帳、財務報表等都離不開自己，可是每當她向老闆提出建議，老闆卻都會找出各種論據，固執地堅持自己的想法，而事後也往往證明了老闆的錯誤。有好的建議卻得不到上司的採納，莉玲對此感到最為不滿。就這樣，莉玲經常生悶氣，情緒不好，還感到壓抑。

從員工的角度來說，向老闆提意見是出於好心，完全不用避諱什麼；從老闆的角度來說，自己是擁有決策權的人，對於員工的意見可以接受、也可以不接受——這兩種心理狀態的分野，就必然會導致衝突的發生。員工不分時間、不分場合地向老闆提意見，希望老闆能夠接受自己的意見；而老闆則認為員工不尊重自己，大庭廣眾之下讓自己丟了面子，居然還奢望自己接受？於是，員工和老闆必然會產生矛盾。

雖然員工和老闆之間存在著「提意見」和「聽意見」的需求，但由於身份、地位的不同，員工不可以不顧及老闆的感受——直言進諫往往會讓老闆產生一種不受尊重的感覺，造成心理上的不快，最後當然就會予以排斥。無論你的意見有多麼正確、理由有多麼充足，你都不能忽略老闆的感受，因為上司的權威需要我們來維護；如果每一個員工都與上司對抗，上司的威嚴還如何保持？所以，如果你在提意見的時候挑戰了上司的權威，你必然會成為上司殺一儆百的犧牲品，甚至有可能因此葬送自己的職業生涯。

在向老闆提意見的時候，我們可以採取一種迂迴的方式，讓上司有餘地能認真地考慮我們的意見。

在「二戰」期間，史達林因為愛面子，總是做出自以為是的軍事決定，完全聽不進正確的意見，因而使得軍隊遭到本可避免的巨大損失。朱可夫曾因直言提出正確的建議，被史達林一怒之下趕出大本營；可是瓦西列夫斯基提出的意見，卻能得到史達林的採納。其中的差異到底是什麼？

事實上，瓦西列夫斯基提建議的時候懂得給史達林留面子，總是在潛移默化中讓史達林心悅誠服地接受。瓦西列夫斯基喜歡和史達林談天說地的「閒聊」，並在「不經意間」涉及軍事問題；他從來不在史達林面前大談軍事建議，但等瓦西列夫斯基走後，史達林往往會吸取談話中好的想法，然後過不了多久，史達林就會在軍事會議上宣佈一個相似的計畫。

表面上，大家都紛紛稱讚史達林計畫的深謀遠慮，但只有史達林和瓦西列夫斯基心裡清楚，誰才是真正的大謀略家。

除了採用迂迴的方式提意見外，在提意見的時候，還要注意選擇合適的時間和地點、注意說話的語氣。

提意見的時間很重要。如果選擇老闆最忙碌的時候說，被駁回的可能性就會很大，因為他根本就沒有時間聽。所以，向老闆提意見，一定要在老闆空閒的時候。

而提意見的最大忌諱，就是在大庭廣眾之下進行。我們之所以會向老闆提意見，必然是因為老闆有些地方做得不對或者不好，如果我們在大庭廣眾之下提出，就等於逼著老闆公開承認自己的錯誤——所以，提意見應該在私底下進行。

最後，提意見時，說話的語氣也很重要。在通常情況下，老闆不喜歡聽到命令式的語氣，因為那會給他們造成一種受審的感覺；在向老闆提意見的時候，一定要避免使用祈使句等語氣強硬的語句。

4 CHAPTER FOUR 以小博大的「滾雪球效應」

投資不是有錢人的專利

每個人都想成為有錢人，但並不是每個人都能成為有錢人——原因就在於並不是每個人都具有一顆「賺錢的心」。

生活中，大致有三種人：第一種人有著一份高於普通人薪水的工作，常常有不少剩餘資金可以任意挪用，生活不會陷入窘境；第二種人沒有高薪資，習慣省吃儉用，多少也可積攢一筆小小的「財富」，可一旦出現變故，他們的「財富」根本就不夠用；第三種人則是那種無時無刻都在想著賺錢的人……。

第二種人是這個社會中最常見的人，他們認為自己不具備投資的能力，只能依靠出賣勞力來賺取微薄的薪資——而事實上，正是這種思維模式讓他們一輩子只能靠薪水過活，不可能擁有財富。他們用自己辛勤的汗水幫助那些懂得去投資的老闆成就事業、創建輝煌，而他們自己則只能默默無聞，過著朝九晚五的生活。

以攢錢的方式獲取財富是最差勁的手法，因為你的薪水無論怎麼漲都不可能讓你成為富豪；只有把手中所擁有的財富當成一種資本，進行投資，才能讓財富快速地放大數倍。

投資從來都不是有錢人的專利，窮人一樣可以投資，關鍵是你要找對方向。

有一個叫王洪懷的人，他沒有謀生的技能，只能以收破爛為生。有一天，他突發奇想：收一個易開罐只能賺幾分錢，如果把它熔化了，作為金屬材料去賣，是否可以多賣一些錢呢？

這只是他初步的構想，可是實際上他並不清楚易開罐裡含有什麼樣的金屬材料。於是，他把一個易開罐剪碎，熔化之後變成了一塊指甲大小的銀灰色金屬，然後，他花了近三千元請當地的有色金屬研究所進行相關的檢測。

檢測結果出來了，那是一種非常貴重的鎂鋁合金！按照當時的市場價格，每噸為六．五～八．四萬元；每一個易開罐重約十八．五克，五萬四千罐就有一噸的重量，換算下來，賣融化後的金屬材料比直接賣易開罐能多賺六七倍的錢。

於是，他下定決心回收易開罐進行熔煉。為了能多收到易開罐，他把易開罐的收購價格提高，並將之印在名片上向所有的收破爛的同行散發。一週以後，王洪懷來到指定的地點，大量的易開罐正等著他回收。光這一天，王洪懷就收到十三萬個，足足有兩噸之多。

於是，他的人生軌跡開始向著他原來想都不敢想的方向發展。王洪懷創辦了一個金屬再生產加工廠，一年之內，加工廠用舊易開罐提煉出兩百四十多噸鋁錠；三年的時間，王洪懷就賺了一千兩百五十多萬元，從一個收破爛的一躍成為百萬富翁！

一個收破爛的人，能夠想到不僅要撿破爛，還要改造拾來的「破爛」，這對他來說非常不簡單；而他在改造之後還能夠把東西送到研究機構去檢測，並且從中發現一條黃金大道，更是因為他具有一顆「賺錢致富的心」。

王洪懷是一個道地的窮人，僅靠著收破爛過生活，但他並沒有因此將自己的人生定位為一個窮人，反而是一直在尋找著賺錢的機會。當他找到賺錢機會的同時，他非但沒有因為風險而怯懦，而是在八字還沒有一撇的時候就敢用辛苦賺來的錢去做一個不明結果的金屬檢測，這是他的同行們絕對不願意、也不敢去做的事。敢想、敢做，成就了王洪懷由窮到富的成功大道。

沒有「錢」，沒有資本，幾乎是每一個想要投資而又不敢投資的人的最大理由。在他們眼裡，似乎只有有錢人才具有投資的權利，而沒有太多資金的他們，根本沒有什麼是可以投資的；即使投資了，風險好像也非是他們所能承擔。因此，他們始終不敢邁出投資的第一步。

事實上，資金只是投資的一個面相，並不是決定能否投資的唯一條件。有錢人可以做大筆的投資，他們可能一次投資上千萬、上億去開工廠、辦公司，但是這並不是投資的全部內容。只要是能夠賺錢，都可以算得上是投資，規模的大小並不是問題；所以如果你沒有錢，你可以選擇小的投資，從小做起，就像滾雪球一樣，讓自己的資金越滾越多，投資也就可以越做越大。

決定一個人最後會成為富人還是窮人，並不是從他一開始擁有多少資金來論斷，而是端看這個人是否具有一顆「賺錢的心」。如果你缺乏一顆賺錢的心，就無法抓住賺錢的機遇。在二十世紀七十年代初，只要帶個幾萬元進股市，幾年之後便有可能成為千萬富翁；八十年代初，只要拿幾千元去擺地攤，十年後也可能成為大老闆——有些人認為這些故事都是時代所造就的，如果自己也活在那個年代，一定能賺得比他們還多；但事實上並非如此，如果你沒有一顆賺錢的心，即使你再有能力，也難以賺到錢。這就是為什麼在那個經濟起飛的年代裡，依然有那麼多的人沒有成為大富翁。

觀念始終是重要的，無論你是窮人還是富人，只要有一顆賺錢的心，就一定能夠發現投資的機遇、使自己成為有錢人。我們所處的這個年代或許有些蕭條，但機會卻不會比以往更少——關鍵是我們有沒有改變自己的心態，讓自己對投資充滿欲望——只有這樣，我們才能發現新鮮的事物，在別人未發現之前，捷足先登，賺取人生的第一桶金。

你也能「無中生有」

當你沒有足夠的資金或其他的條件去進行投資的時候，該怎麼辦？是放棄，還是繼續下去？

當然應該要繼續下去！

但是，如果盲目地繼續，往往會導致最後的慘澹收場。因此，即使要繼續下去，也必須是理性的處理。有一句話是這麼說的：「有條件要上，沒有條件就要創造條件的上。」當我們不具備進行投資的條件時，就要先學會「創造條件」。

「創造條件」或許可以說是一種無中生有的功夫，我們本身可能並不具備投資的條件，但周遭的環境和人卻可以為我們所用，經過一番整合，就可以將原本跟我們毫無關係的條件轉化為對我們非常有利的條件，從而促進投資的成功。

不要把「無中生有」看成是一種不好的投機行為，它實際上是用自己的智慧來換取投資的成功。

老彼得對兒子說：「我說約翰，你是不是該結婚了。我有一個好對象要介紹給你認識。」約翰說：「不用了，爸爸，您就不用操心，我已經有女朋友了。」

老彼得說：「可我說的這位小姐是比爾．蓋茲的女兒。」約翰說：「噢？這倒是值得考慮一下。」

第二天，老彼得參加一個商務論壇的酒會，也碰到了比爾．蓋茲。老彼得對比爾．蓋茲說：「嗨！比爾，你好。聽說您的千金正在物色對象，我有一個優秀的年輕人想要介紹給您。」比爾．蓋茲回道：「孩子的事就讓他們自己做主吧。」老彼得說：「可是我說的那個年輕人是花旗銀行的副總裁。」比爾．蓋茲一聽，立刻有了興趣：「喔？那倒值得考慮。」

第三天，老彼得緊急約見花旗銀行的行長，老彼得對他說：「聽說貴公司正在重組高層的管理人員，我向您推薦一位優秀的年輕人來做分行的副總裁。」行長說：「哦！是這樣的，我們已經有了考慮的人選，而且分行的副總得有很好的人脈關係，以便幫助本行獲得更多的存貸款率，所以，如果太年輕的話，恐怕難以勝任。」老彼得說：「噢，是這樣啊。那我得去微軟跟比爾．蓋茲說一聲。」行長一聽這來頭，趕緊追問道：「請等一下，先生，您剛才是說比爾．蓋茲？這和他有什麼關係？」

老彼得說：「哦，也沒什麼，我說的那個年輕人馬上就要成為比爾．蓋茲的女婿了，比爾．蓋茲也不一定會讓他到別的公司工作，微軟正缺人手呢。只不過我這個做父親的，不願意讓別人說自己兒子的閒話，所以才推薦給您。既然您這兒已經不缺人手，那我就推薦給別的銀行看看，反正蓋茲手裡的錢存哪都是存。告辭了。」

行長連忙說：「哎！別別別，您瞧，我剛才不是說了嗎，我們也僅是有可供考慮的人選，可沒說已經定了案，如果有更優秀的人選我們當然要擇優錄用。請您轉告貴公子，位子我給他留著，讓他安心地準備婚禮，等他度完蜜月回來，隨時歡迎他到敝行履新。」

彼得說：「這樣吧，為了給我兒子一個不去微軟的正當理由，你得把聘書先給我。」

行長說：「我可以先給您一份擬聘書，等您兒子度完蜜月，願意來敝行任職時再正式聘用。您意下如何？」

不久之後，約翰娶了比爾．蓋茲的女兒，當上了花旗銀行的副總；蓋茲得到了花旗大筆的辦公軟體訂單；花旗則得到了比爾．蓋茲的大筆存款。老彼得和比爾．蓋茲成了親家。

事實上，「無中生有」也並不是真的什麼都沒有，畢竟「世上沒有免費的午餐」。只不過，那些所需要的條件都在別人的手裡握著，我們要做的就是將這些條件加以利用，成為自己事業發展的助力。

投資需要各方條件的綜合搭配，而每一方又都有他們不同的利益訴求，只要我們能夠同時滿足各方的利益訴求，我們自身的目的就可以達到。比如說，我們缺乏資金，最好的辦法就是去銀行貸款；但是，銀行需要有擔保能力和有信譽的個人或是法人來擔保，而我們本身不具備這個能力；所以我們此時可以找一個能提供擔保的人把錢從銀行借出來，拿去投資，等到投資成功後就可以把錢還回去。

丹尼爾．洛維格在三十多歲時，是個一無所有的窮光蛋。當時的他想要致富，所以打算去買一艘貨輪，再把它改裝成油輪；因為運油比其他貨物更賺錢——問題是，現在的他手邊沒什麼值錢的抵押品，找了很多家銀行也沒人願意貸款給他——最後，他終於想到了一個好主意。

首先，他把自己身邊一艘尚能航行，卻非常破舊的老油輪重新改裝，以低廉的價格租給一家知名的大石油公司；然後，他帶著租約合同去紐約的大通銀行，告訴對方自己有一艘知名大石油公司包租的油輪，如果銀行貸款給他，他可以讓石油公司把每個月的租金直接轉給銀行，以分期付款的方式償還銀行的本金和利息。

有了知名石油公司這塊金字招牌做擔保，大通銀行也就沒有再要求他提供物質擔保，直接把錢借給了他。拿到錢之後，他又多次運用同樣的方式向銀行借貸；如此反覆不斷，他買下了一艘又一艘的油輪，而每一艘油輪的租金也越來越高，很快地，他就將銀行的貸款還清，並且像滾雪球般的賺進了大把大把的鈔票，最終成為美國船王。

當你覺得自己根本不具備什麼致富條件的時候，千萬不要就這麼斷了投資的念頭。很多時候，你可以無中生有的獲得你所需要的一切條件；如果你輕易就被眼前的困難所嚇倒，你將永遠也不可能投資成功。

「無中生有」需要有精準的眼光，必須洞察周圍一切複雜的環境，善於利用各種訴求與矛盾，以完成自己的智慧傑作。

白手起家靠什麼？

不少打工族厭倦了打工的生活，於是發起創業的美夢，但因為阮囊羞澀，最後只能無奈地長歎一聲，繼續打工……。

難道資金真的是創業所不能跨越的一道障礙？可是在現實生活中，有不少億萬富豪都是白手起家的；他們能夠從無到有，我們為什麼就不能呢？

資金並不是創業之初最重要的條件，只是我們大多數的人卻把它看得太過重要。事實上，真正需要資金投入的時間點，多半是在創業成功之後，因為必須不斷地擴大投資規模，因而需要龐大的資金投入。所以，我們如果想要創業，首先就要先排除「資金不足」這樣的困惑，只有不理會資金問題，才能真正看到創業的曙光。

那麼，白手起家究竟要靠什麼？

1.要選擇好的目標。

一般而言，創業仍是需要進行實體投資的，因此選擇一個正確的目標當然也就至關重要。當今社會是一個微利時代，想要賺錢，就必須先選擇一個好的項目，否則盲目地拿大量的錢投下去，最終可能會一無所獲。

頂新集團的魏家四兄弟就是靠「泡麵」起家的。

在「康師傅」這個招牌紅透半邊天前，他們也曾落魄過。原本，他們在台灣的彰化有著一間小小的「頂新製油公司」，但由於在台發展不順，他們也想順應錢潮，錢進大陸。

一九八八年，魏家兄弟前往大陸發展事業，一開始仍延續著家傳的製油事業；但生意非但說不上好，甚至還賠光了一千萬美元的資產。這種慘狀讓在兩岸之間奔波的四兄弟精疲力竭，唯一的慰藉就是一碗半夜的泡麵。而機會就這麼降臨了！

他們想到，既然台灣、日本、香港等亞洲地區的人們都這麼愛吃泡麵，那麼何不在大陸開展泡麵事業呢？更進一步的研究後，他們發現，當時大陸地區的泡麵除了本地產的廉價泡麵外，就是來自日本的高價泡麵，中層價位的泡麵完全還是一塊尚未開發的處女地！於是，這次他們真正找到了正確的目標，全力一擊，最終成就了橫跨兩岸的泡麵王國。

好的標的就是投資的方向，有了好的標的就等於成功了一半。因此，如果你想要創業，首先就要多瞭解市場、發現商機，並對自己將要選擇的行業作深入的瞭解，比如：市場行情、運作方式、材料來源、銷售管道以及政策法規等，只有掌握這些資訊，我們才能清楚理解這個品相是否能夠賺錢。李嘉誠的成功就是源於他對塑膠花行業的充分認識，最終使得他成為香港的塑膠大王，再進一步擴建建為他的商業帝國。

2.要有冒險精神。

想要創業成功，就必須具備冒險精神。任何投資都有風險，如果不敢冒險，就必然無法邁出創業的第一步；而即便你能夠踏出第一步，在未來的發展中仍有重重障礙等著，那都是需要勇氣與冒險精神去不斷突破的。

比爾．蓋茲就是一個敢於冒險的人。他在哈佛大學讀書的時候，迷上了電腦，也看到了這個新鮮玩意的商機，他心中默默想著：讓每一個人的辦公桌前都有一臺屬於自己的電腦。

為了實現這個理想，他選擇從哈佛大學退學——這是常人難以做到的冒險。憑藉著不懈的努力，他最終取得了成功，微軟也成為一個享譽世界的品牌。

比爾．蓋茲曾說：「真正成功的商人，在本質上是一個持異議的叛徒，也極少滿足於維持現狀。他不斷尋找成功的最佳辦法，開拓新的領域，因而創造了他的成功和財富。」一個不具備冒險精神的人，是不可能在創業的道路上取得成功的。

3.要有戰略。

創業和打仗一樣，既然要前進，就必須作好戰略上的準備。古人說：「凡事預則立，不預則廢。」沒有好的戰略作為引導，創業必然艱難萬分；摸著石頭過河，失敗的可能性必然會大增。所以，戰略準備必不可少。

4.籌組一個優秀的團隊。

創業不是一個人的事。

當前的社會，想要單槍匹馬闖天下是不太可能的；成功，更是需要很多人的共同努力。因此，籌組一個優秀的團隊至關重要。

也許有人會說：「口袋裡沒錢，誰願意跟著你？」這話不錯，但除了錢以外，個人魅力卻也非常重要；如果你能夠讓別人相信你一定可以成功，自然就會有很多人願意與你一同創業。

5.逐步實現自己的戰略目標。

如果你沒有資金，你就必須讓和你一起創業的人看到希望；只有這樣，才能確保整個團隊不至於人心渙散。

在創業之初，你一定要如實地將自己承諾與設計的目標一個一個實現——能按部就班實現目標，士氣就不會跑掉；士氣在，隊伍就不會渙散；隊伍不散，成功就指日可待。

6.要有信心。

無論做什麼事情，信心都非常重要，尤其是創業更需要信心來支撐。創業的路並不好走，經常是崎嶇難行、困難重重；如果缺乏信心，一波接一波的困難必定會將你打倒。所以，創業者必須具備非凡的信心，如此才能幫助自己渡過創業的最大難關。

7.良好的人際關係。

白手起家的創業者因為沒有資金、缺乏實力，很難請到或請不起高端的人才，也沒有太多的錢用於廣告或市場推廣。所以創業之初的生意來源，很大都是依靠社會關係。

而那些沒有社會關係而期望白手起家的人，創業時的第一件要事也就是去建立廣泛的社會關係，以便日後能有更多的人願意幫助你。

8.良好的信譽和品德。

白手起家的創業者，一開始規模是比較小的，所以信譽相對來說就更加重要；只有擁有良好的信譽，才能獲得更多人的支持，最終使自己的事業不斷壯大。

總而言之，「資金」不是創業過程中最難以解決的難題。如果你手中沒幾毛錢也千萬不要灰心，只有去嘗試了，才能知道是否能夠成功——說不定，你也能成為下一個白手起家的億萬富豪。

「借」的藝術

中國人都有儲蓄的習慣，卻沒有借錢的習慣，大部分的人都不喜歡背債過日子。然而時代在進步，這種傳統的思想已經不合時宜，在這個年代，借錢不僅是為了生活，更是為了賺錢！用別人的錢賺錢，是最明智的賺錢之道。

有很多人都實踐著「借錢賺錢」的方法，比如說，一些專業的炒房集團就是藉由銀行貸款買房，等到房價上揚，升值到一定程度後，再轉手將房子賣出，以從中取得大筆的利潤。

而現在，還有一種另類的生財之道：「信用生財」。銀行發放的信用卡，其實背後隱藏著很多的運用手法，越來越多的人開始接受並嘗試通過信用來生財。

在某金融機構工作的陳建仁今年29歲，已經工作五年，一直藉由信用卡來理財。建仁自從辦了信用卡之後，總喜歡刷卡結帳，這讓很多朋友都不能理解，因為很多時候並沒有必要用信用卡去結帳。事實上，建仁正是利用信用卡提供的預借現金等功能來透支消費，從銀行「借錢」來賺錢。

建仁的薪水是每個月三萬六千元，他每個月都把薪水的百分之七十用來購買基金、股票或者是黃金等理財產品，這樣一來，他的生活開支就不夠了；因此，他借用信用卡的透支消費來維持自己的日常生活，把剩下的錢全部投到那些升值快的理財商品上，這樣一來，即使他必須負擔信用卡的循環利息，但卻也沒有他實際透過理財賺得多。

而隨著刷卡次數的增加，建仁的信用額度也越來越高，能夠從銀行「借用」的錢也越來越多，他可以「借」來投到理財產品上的資金也越來越多。就這一個辦法，建仁在一年之內就賺取了一百萬元，比他的年薪還高上許多。

以上這個例證聽起來似乎很不可思議？按照傳統的思想來說，借錢的人生活必然無法獨立，需要依賴別人的人總給人一種朝不保夕的感覺，而且大多數人甚至不願意與那些借錢過活的人接觸。然而，現代社會賺錢的方法越來越多，當自己沒有足夠資金時，「借錢賺錢」其實本就是很正常的一件事。

當然，懂得「借錢」也要懂得「賺錢」。一般來說，借錢的人分為兩種：一種是積極的借，這種人借錢的目的是為了賺取更多的錢，因此能夠按照計畫償還借款；另一種是沒有錢卻想過有錢日子的人，他們不惜用借貸的方式來享受奢華，可是往往就不具備償還能力。後一種人自然是越借越窮，甚至成為卡奴無法翻身；而前一種人則越借越有錢，滾雪球般的朝富翁之路邁進。

借錢生錢已經不是什麼新鮮事，銀行的信貸業務正是針對那些缺乏資金，卻需要資金做生意、或擴大規模的個人和企業。幾乎所有的企業在擴大規模的時候，都需要通過銀行的貸款進行融資，所以你如果想要成功，就必須學會借別人的錢生財。

但凡能夠獲得巨大成功的商人，大都用過「借雞生蛋」的辦法，如果沒有借雞生蛋，又怎麼可能在短時間內將生意大規模的擴展，更不可能在短時間內積累出那麼多的財富。唯有借別人的錢為己所用，才有可能成功。

胡雪巖是典型白手起家的商人，他最初開辦阜康錢莊的錢，也是動用手中所有資源，運用巧妙的方法從信和錢莊「借」來的；之後，他不斷地向新的行業進行投資，每一次都從他人那裡借錢來彌補資金的不足。

阜康錢莊成立不久後，他就開始籌畫做生絲買賣，那個時候，胡雪巖雖然已經有了阜康錢莊，但錢莊也無法在一時之間拿出那麼多的錢來做生絲生意；但這個問題並沒有難倒胡雪巖，他想到了用公款來做生意的辦法。

當時，胡雪巖的阜康錢莊代理湖州公庫的銀子，這筆銀子本來是要上交到杭州的「藩庫」裡的。胡雪巖將這筆銀子挪出購買大量的生絲，然後到杭州出售，等到生絲賣完之後再將錢原數交還「藩庫」，而自己從中賺取大量的利潤。就這樣，胡雪巖將公款變成自己的本錢，將這筆死錢變成活錢。

再後來，胡雪巖創辦胡慶餘堂，這是一個大手筆的投入，胡雪巖也將之視為自己的根本。這一次資金依然是最大的問題，於是，他把眼光瞄向那些搜刮民脂民膏的貪官身上，最終從已經離任的浙江巡撫黃宗漢那裡得到部分資金。

另外，典當行的創辦，同樣也是用別人的錢來達成的。胡雪巖認識不少蘇州地方的富家子弟，太平天國運動之後，他們都逃難前往上海，並帶來大量現銀；最後，這筆銀子就成為胡雪巖開辦典當行的啟動資金。

總而言之，胡雪巖龐大的商業帝國，完全都是建立在「借錢賺錢」之上，用別人的錢為自己賺取利潤——胡雪巖的確是技高一籌。

在當代社會，借錢已經成為邁向成功的第一步。

如果你不敢借錢，你永遠都不可能擁有自己的事業，因為資金的缺乏會令很多好的想法胎死腹中；如果你已經有了好的想法，不要顧忌，借錢的辦法是你實踐想法絕佳選擇，用別人的錢賺取人生的第一桶金吧！

當然，請切記，在你用借錢的方式取得第一桶金後，一定要為自己留下一筆流動資金，隨時以備不時之需。

「錢生錢」，不要人追錢

如果以賺錢的方式來劃分，人可以被分為兩種：一種是靠出賣體力和腦力賺錢；一種是靠錢生錢。

靠體力和腦力賺錢的人，大多終其一生只能過著勉強溫飽的日子，一天不工作，就沒有飯吃；靠錢生錢的人，卻可以一邊享受生活，一邊大把大把地賺錢。

這在現實生活中，可以很明顯地看出來。中產階級的人想在大都市中想要買個房子，也得要貸款個十年、二十年甚至一輩子！非白領的打工者更是一生都買不起房子。在現行不景氣的壓力下，大多數薪水階級的朋友們都會發現，薪資上漲的速度永遠都跟不上物價上漲的速度，自己的資產不斷的貶值；可是你知道嗎，那些靠「錢生錢」的人卻依舊能從中夠賺取相當的利潤

——所以，無論是誰，如果想要享受人生，就必須先學會用錢生錢。

王大鵬大學畢業之後，就找到一份不錯的工作，在同學當中也算是薪水比較高的一個。此時的大鵬感到志得意滿，同學們也很羨慕他；但是，三年後的聚會卻讓大鵬深深地感覺到了差距。

大鵬本以為自已剛畢業三年，能夠勉強買下一間小套房已經算是不錯的了，誰知道，另一個大學同學卻居然已擁有了一間五十多坪的房子。原來，這個同學雖然一開始找工作時也是不太順利，但隨著他的努力，收入逐漸好轉；而當有了一定的資本後，這個同學就將錢全部投入股市，經過幾番起落，他的錢升值了好幾倍，比他一年的薪水還多上許多。

靠著這種理財方法，這名同學兩年內就積累了一百多萬存款。於是，他又用這筆錢買了一間地理位置絕佳的小套房，並在房子升值後轉手賣出，又換了一間大房子。

相較之下，大鵬這三年來一直省吃儉用，將所賺的每一分錢都存入銀行中，好不容易用三年的時間攢足五十多萬，勉強才付清小套房的頭期款，而為了還清房子的貸款，現在的他更是節衣縮食。

現代社會的理財商品越來越多，藉由正確的投資，往往可以獲取比銀行利息高得多的收益，而且這種投資理財的方式並不侷限於一小部分的人，而是適用於每一個人。如果在這個年代裡，你還只懂得把錢往銀行裡藏的話，你必然是要成為「窮人」的。

體力和腦力是賺錢的一種方式，也是獲取本金的一種方式，我們當然不能忽視；然而，我們也不能把體力和腦力的賺錢方法當作是賺錢的唯一辦法。只有把體力和腦力賺來的錢，藉由適當的投資標的加以投入，這些錢才不會是只放在銀行裡貶值，也才能為我們帶來更多的財富。舉凡股票、基金、期貨、保險、黃金、以及不動產等，都是投資的方向，這些投資只要做得好，都能為我們帶來不少的收益，讓我們的錢在短時間內不斷地升值。

「錢生錢」的速度永遠比「人生錢」要快，因為隨著本金的不斷累積，我們投資的基數越來越大，所獲得的利潤也越來越多。當然，理財產品的選擇也要根據我們的收入和需求進行合理的安排，畢竟每一種理財方式都有一定的風險；在理財的過程中，我們還要學會控制風險，比如，假若我們一個月可以領到兩萬五千元的薪水，這兩萬五千元應該怎樣合理的進行分配呢？我們應該預留出五千元作為日常生活的開支；把五千元存進銀行以備不時之需；花兩千五百元為自己購買適當的保險；把五千元投入股市做短線的操作；再把五千元投入可以信任的基金中；剩餘的兩千五百元用來買黃金。這樣一來，每個月的兩萬五千元中就有一萬五千元用來升值，一年就有十八萬，一年下來，就可以有一筆不菲的收入。隨著本金和收益的不斷累積，各種理財方式帶給我們的收益就會越來越高，最終遠遠超出我們的薪資收入。

「紅頂商人」胡雪巖說過：「我有了錢，不是拿銀票糊牆壁，看著過癮就完事，我有了錢要用出去！」他所說的用出去就是要用錢生錢。錢如果不用，那就是死的；如果能夠合理地運用，就可以變成活的，並帶來更多的錢。當我們每個月領到固定薪水的時候，不應該把它全部存到銀行，因為在短時間內我們並不需要那些錢，不能讓錢閒在那，而應該通過資本的運作，獲取更多的財富。只有這樣，才能在錢生錢的道路上不斷積累，像滾雪球一樣越滾越大。

處處留心生活中的商機

有人說過：生活中並不缺少美，缺少的只是發現美的眼睛；同樣的，生活中也不缺少商機，缺少的是善於發現商機的眼睛——生活中到處都是商機，但我們卻不善於發現商機，任由商機從我們的眼前溜走，被別人發現並利用，最後才後悔莫及。

也有很多人總是輕易就判定市場已經飽和，但事實上，市場永遠都充滿可競爭和未知的不確定性；再飽和的市場也總會有縫隙存在，而縫隙所在就是商機所在，只要我們善於挖掘和發現，就一定可以加以利用。

美國有一個年輕人搭火車去出差，列車在一望無際的荒野裡奔馳了很久，百無聊賴的乘客們紛紛感到昏昏欲睡。忽然，火車到了一個拐彎處減速，一棟簡陋的平房倏然映入乘客的眼簾，所有的乘客都睜大眼睛去「欣賞」這沿途唯一的風景，而年輕人則從中發現了商機。

於是，年輕人把事情做完後立刻返回，到了這個轉彎處便特意下車去找這間屋子的主人，表示希望買下這棟房子。房子的主人其實一直打算賣掉這房子，因為每天經過的火車聲響已經讓他忍無可忍，然而卻一直無人問津。就這樣，年輕人以一百五十萬元的低價買下了這間屋子。

接著，年輕人開始向一些大公司推銷這棟房子。他告訴對方，這棟房子是一塊很好的看板，因為所有的乘客在乘車的過程中，都會興致勃勃地看著這棟屋子。最終，可口可樂公司看上了它，以三年五百四十萬的租金租了下下來。

商機無處不在，日常生活中就蘊藏著無數的商機，只因為我們缺乏發現商機的意識，所以才不能挖掘出來。

商機永遠屬於先知先覺者。如果我們曾經碰到過商機，卻未能抓住，商機就不再屬於我們；所以，如果你想要創造屬於自己的事業，就必須具備一雙能夠發現商機的眼睛。

很多時候，我們之所以無法發現商機，是因為我們所認定的商機往往是那種「巨大的」、看似能顛覆一切的龐大商機——事實上，巨大的商機根本不存在——真正的商機其實是從小地方體現出來的；而且，即便有什麼大商機存在，如果我們不具備那種能力，自然也無法把商機轉化為事業發展的助力，一夜翻身仍是一場空談。所以，對一般人而言，發現商機要從身邊開始，要從小地方著手。小商機雖然微不足道，但其蘊涵的也是一片廣闊的市場。

原本晴朗的天空卻突然下起了雨，這時往往會有一個身影適時出現在騎樓，推銷起滯壓許久的雨傘；原本人潮稀落的大學體育館旁，如果突然看到有人擺起小吃攤、販賣偶像周邊商品，你就可以知道這邊晚點必定有一場演唱會。想當個成功的人，你就要先成為有心人，你必須學會留心身邊的小事，從中發現商機。

在我們的日常生活中，一件小事、一個不知名的人、一段和自己無關的話，都有可能為我們帶來商機。關鍵是我們要具備商人般敏銳的頭腦，能夠將自己的所見所聞與商機連結起來，只有這樣，才能準確抓住真正的商機。

「紅頂商人」胡雪巖就是一個非常善於抓住商機的人。

太平天國動亂，國家陷入混亂之中，尤其是東南沿海一代更是戰爭頻繁、市場蕭條，很多生意都陷入絕境。可是胡雪巖卻從中發現一個新的賺錢機會——販賣糧食。販賣糧食在和平年代並沒有太大的利潤，但在戰爭年代，糧食卻是最重要的物資；尤其是處於戰亂的地區，糧食更是比黃金還來得珍貴。

還有一次，胡雪巖去上海做生絲買賣，無意間聽到有人在談論上海的房產問題，對方講到洋人正在開發上海的新地方，於是胡雪巖立刻搶先買下上海的那一帶土地，最終收取了大量的利潤。

商機就蘊藏在我們的生活中，無論是我們所看到的，還是我們所聽到的，都與商機息息相關。商業的發展總是與社會的發展密切相關，任何風吹草動都會帶來商業上的變化，我們必須具有商業頭腦，將所知所感與商業緊密聯繫；只有這樣，才能在這個看似飽和的市場中發現空白地帶，開啟自己的生意。

每個時代都會有新興的事物產生，而新興事物最能引起人們的興趣。如果你能夠率先發現新興事物，你就抓住了商機。

李嘉誠的生意起步於塑膠花的生產，在塑膠花還不普及的年代，李嘉誠就已發現塑膠花所擁有的巨大市場潛力——塑膠花不像真花般容易枯萎，很多人都喜歡用塑膠花來裝點客廳——所以，李嘉誠才選擇以塑膠花來開始自己的事業，最終締造了如今的產業帝國。

除了新興事物外，時勢的變動也會帶來很多產業的變化。如果誰能夠把握時勢變化的脈動，就一定可以從中獲取高額的利潤。

李嘉誠的房地產事業正是在時局變動下開始的。「文化大革命」期間，很多香港的富豪為了不受影響，紛紛前往其他國家發展，急於將手中擁有的房產換成現金；李嘉誠就是在這個時候接收了大量房地產，等到時局穩定後，房價開始飆升，李嘉誠從中獲得巨額的利潤。

總而言之，商機總是不斷出現卻又快速消失，它就像漂亮的肥皂泡泡般難以持久。如果我們不能在第一時間抓住、並利用它，它很快就會逝去；我們不應該再抱怨生意難做，而應該主動地去尋求商機，只要我們肯留心，就一定能發現適合自己的商機。

小創意，大收穫

創意往往與效益有關，一個好的創意可以帶來可觀的收益。當所有人都在按部就班，按照理所當然的標準做事時，如果你能夠打破常規，創造性地進行改變，你就能收穫不菲的報酬。

每年年末，正是人們更換月曆的時候。傳統的月曆不是山水畫、水果照、就是一些名家畫作，人們早就見怪不怪，沒什麼期待了。但在近年的月曆市場上，卻出現很多充滿創意的月曆。

有一種月曆看起來和傳統月曆沒有什麼不同，但實際上每一個月的月曆都可以拆下當作購物袋使用，這既環保又方便，雖然貴了點，但依然受到不少消費者的喜愛。

除此之外，還有一些設計公司專門替消費者設計月曆，將紀念性的相片做成月曆；另外更有不少機構如消防人員、龍舟隊、空姐等紛紛推出美女猛男的特色月曆。這些點子都贏得不少消費者的青睞。

無論是什麼東西，時間久了，人們就會出現彈性疲乏進而失去興趣，這個時候，只要有人推陳出新，就能抓住他人眼光，獲得眾人青睞。創意的點子正是這樣轉化為豐厚的效益，正如普通的月曆，只要在造型設計上稍加改變，就能讓消費者眼睛一亮，贏得消費者的心，最後更填滿了自己的荷包。

創意是一種創造性的思維，核心就是打破常規。世上的事物沒有一件是一成不變的，其存在狀態始終處於變動之中，所以我們不應該墨守成規，而應該主動創新。

人們的獵奇心理易於接受新鮮的事物，當你的創意為大多數人所接受的時候，它就會轉化為效益。創意的大小並不能決定創意的價值，創意的價值取決於人們的認可程度，只要你的創意能夠改變人們枯燥乏味的生活、方便他人，那就具有極高的價值，一旦投入市場，定能成為一種經濟效益。

亞歷克斯·圖（Alex Tew）是一個英國家庭裡四兄弟中最小的一個，高中畢業那一年的暑假，他開始為大學的學費發愁，整個夏天都在思考如何賺錢。

二〇〇五年八月二十六日深夜，一個很有意思的點子突然蹦入亞歷克斯的腦海中。亞歷克斯用了十分鐘的時間在網路上建立一個網站，並為它取名為「百萬美元首頁（The Million Dollar Homepage）」。他將整個一千×一千像素的首頁劃分為一萬個小格，每個格子的大小為十×十像素，售價一百美元，買家可以在自己買下的格子中放上任何東西，包括網站的圖示、名字或網址連結。

亞歷克斯對這個異想天開的主意一開始並沒有抱太大的希望，雖然號稱「百萬美元」，但他感覺能賣出去百分之一就要偷笑了。想不到，結果大出亞歷克斯的意料之外，他所設計的這個網站極受歡迎，訂單源源不斷，平均每天都有四十個格子被人買走。

截至同年十二月二十六日止，亞歷克斯這個成本只有五十英鎊的網站已經為亞歷克斯帶來九十多萬美元的收入，一萬個格子已經售出了九千餘個；二〇〇六年一月一日，亞歷克斯將最後剩下的一千像素放到eBay上拍賣，十一日截標時成交價格為三．八一萬美元。而整個網站總共替他賺進了一〇三．七一萬美元！

一個百萬富翁的造就，源於一個深夜裡的靈光乍現。這聽起來像是天方夜譚，卻真實存在。在網路時代，亞歷克斯用創意為自己贏來財富，寫下了一段傳奇。

其實，創造財富真的很簡單，一個小小的創意就能帶來無限的財富——有個老人，他發現人們提著塑膠袋購物的時候，往往會被沉重的塑膠袋拉得手很疼，於是他發明一種掛鉤，專門用來提塑膠袋。後來，他將這發明申請了專利，從中獲得上億元的財富——創意就是財富，只要你能把創意推向市場運作，它必然能夠為你帶來收益。

人們往往把成功的原因歸咎於運氣，但是運氣也不是隨隨便便就會降臨的，很多時候，運氣和創意有很大的關係，很多成功的創業就是一場創意的饗宴，每一個成功的企業最初都是一個好的創意，將這個創意有效地進行運作就意味著成功。

現在的世代，人們把創意看得越來越重，越來越多的人靠創意功成名就；在這個時空背景之下，我們更應該學會打破常規，在普通的事物中發現新的創意——只有這樣，我們才能脫穎而出，獲得巨大的收穫。

投資股票要見好就收

「股市有風險，投資需謹慎。」這句話每個投資者都知道，但卻沒有多少人引為警惕。在許多人通過股市一夜致富後，人們把風險拋到了腦後，盲目地投身股市，結果卻造成很多人傾家蕩產；而更多的人並沒有以此為戒，依然前仆後繼地湧入股市，結果仍是幾家歡樂幾家愁。

股市的震盪是必然的，任何股票都不可能只漲不跌，但在具體操作股票的時候，許多股民往往會「買漲不買跌」——所謂「買漲不買跌」，是指股民在購買股票的時候，往往會盯著上漲勢頭好的股票去買，然後坐等升值；然而，他們卻不能把握住拋售的時間，不懂見好就收，結果等到股票開始下跌的時候，他們依然抱著會再次上漲的心態，不捨得拋出股票。最終，股票跌破購入價，連本錢也就這麼賠了進去。

在股票漲跌的背後，蘊藏的是各種不為人知的玄機，普通的散戶往往很難準確把握。所以，投資股市最重要的就是「見好就收」，切忌貪得無厭。如果你把股市當成只賺不賠的地方，你必然會成為股市中的犧牲者。

王振剛是一個道地的老股民，在股票市場裡打拚十幾年後，開始萌生退意，再也不願意繼續在股市中流連。原因很簡單，他再也賠不起了！在十幾年的時間裡，他從大戶做到中戶，由中戶做到散戶，到最後，連散戶也都快稱不上了。當有些人在股市中大賺一筆的時候，為何王振剛會落得如此田地呢？

其實王振剛也不是一個盲目投資的人，他對股票市場頗為瞭解，因此，他所選擇的股票往往都是有盈利空間的；然而，不懂得見好就收，使得他每一次都只能以賠錢收場。

每一次股票開始上漲的時候，王振剛都異常激動，然而，他總是告訴自己：「一定還可以再漲。」因此，他始終不捨得以「低價」拋出；十、

二十、三十……股票越漲越高，但物極必反，當它漲到一個不合理的價位時必然就會開始下跌。

當股票下跌，很多股民會選擇拋出，可王振剛卻總是堅持不拋。雖然剛下跌時，其實他還是有賺的，可是他總想：「既然在六十塊的時候都沒有賣，四十我幹嘛要賣。」抱持著這種心態的他，最終卻還是把自己可能賺到的錢又「還」了回去；到最後，他不是被套牢，就是實在撐不住了只好割肉出局，連本錢都給賠了進去。

就這樣，一次又一次的重演悲劇，使得王振剛本來還算豐厚的本錢一點點地消失無蹤，最終再也不敢在股市中遊蕩了。

股市中的傳奇人物刺激起很多股民致富的欲望，他們也渴望自己能夠在股市中賺得滿懷，因此，人們在投資股市的過程中很容易變得貪得無厭，一心只想讓自己的本錢在股市裡連翻數倍；這種極端的心態，使得他們總期待自己的股票能夠在升值的極限處售出，以獲取最大的利潤。可是，由於股市的不穩定性和大多數股民對股市的一知半解，他們永遠無法真正抓住極限的瞬間，反而落得必須承受心理震盪的巨大折磨。

股市的風險就源於其不可預測性。

對於不懂得股市的人來說，投資股票就是一場賭博，輸贏全看天意；然而，作為普通的投資者，我們輸不起，我們不能把投資股票當成一場豪賭，因為那將會使我們賭得傾家蕩產——我們必須學會「控制風險」，而控制風險的最好辦法就是「見好就收」。

股票盈利與否，就在一買一賣之間。因此，買與賣是最關鍵的兩個步驟。

首先，在買股票的時候不能貪得無厭。

當看到其他的股票一路飆升的時候，你一定要忍住利益的誘惑，堅守已經購入的股票，而不能隨意更換持有的股票；如果你總是不斷更換自己的股票，在更換的過程中，風險勢必逐漸加大，最終有可能會讓你失去一切。

其次，當我們所購買的股票持續上漲的時候，在合適的停利點時，就要趕緊拋售。

因為我們不知道這一次上漲會持續到什麼時候，所以我們要先研究好股票、設定好適當的停利點（例如百分之二十）。之後，即便它上漲到百分之百，也跟我們沒有關係，委實不必因此捶胸頓足，因為：「只要我們有盈利，那就是勝利」。

「股市有風險，投資需謹慎」，當我們不再把股票當作一種迅速致富的手段後，就會在一買一賣之間見好就收。這種投資手法雖然無法幫我們獲得巨額的利潤，卻能夠讓我們始終盈利不止，由小變大，逐漸累積出一筆財富。

投資自己，是對未來的投資

很多人的手中都有一些閒錢，很多人也因此學會了投資，如存銀行、買股票、買基金、買各種各樣的金融產品，通過錢生錢，獲得更多的錢。然而，除了這些投資以外，你是否還為自己預留了一部分的資金？何不將錢投資到自己身上，讓自己的價值得到提升？

投資的目的是為了獲利，人們不禁會問：「投資自己有利可圖嗎？」

投資自己絕對是有利可圖的，而且利益巨大！只不過，很多時候這種投資見效慢，短時間內無法感受到。比如說，在五六歲的時候，每個人在教育上的投資就已經開始；一直到二十多歲大學畢業之後，投資的回報才開始出現，而回報的方式，更對我們的人生產生許許多多的重大影響。因此，雖然有不少人提出「讀書無用論」，強調提早進入職場的優勢以及工作經驗的重要，但事實上那只是太過短視近利的看法，從長遠來看，教育投資最終是可以獲得相應回報的。

李月卿是一個應用英語科的專科畢業生，畢業後，她剛好遇到市場大環境的不景氣，再加上學歷不高，找工作對她來說簡直難如登天。雖然最後好不容易找到一份工作，但薪水少得可憐，每個月只有基本薪資的錢讓她實在難以接受。

不僅如此，月卿還覺得工作毫無意義。她在一家外商企業負責櫃檯接待，每天的工作就是接聽和轉接電話、接待來訪的客戶，另外還要為老闆訂機票、為公司叫快遞、為同事訂午餐，這些讓月卿多多少少有些失落，想到父母為自己上學付出十幾年的心血，自己卻不能回報父母，不禁悲從中來。

但是，月卿沒有自暴自棄，她發誓一定要不斷地提升自己的能力！

於是，她利用空餘的時間去學校在職進修，並報了兩個培訓班，一個是英語培訓班，一個是外貿業務培訓班。兩年後，月卿取得了學校的畢業證書，英語水準和外貿業務也都越來越熟練，最後她成功地跳槽到義大利的外商公司成為總經理秘書，薪水也瞬間八級跳成為月入十六萬的高薪階級。

現在的很多年輕人往往會忽略投資自己，在他們看來，自身的投資毫無作用；他們寧願把辛辛苦苦賺來的錢花在化妝品、衣服上面，卻不願意在提升自己上面進行投資。

但事實上，提升自己的投資才是最有效益的投資，你擁有的知識越豐富，競爭力就越大，獲得成功的機會也就越大。因此，任何時候都不應該忘記在教育上的投資，這些投資絕不會是白費功夫，在將來的某一天，當你的能力經過不斷地「投資」而得到大幅提升的同時，定會獲得豐厚的回報。

每一個人在投資的過程中，都應該預留一份資金以作為投資自己的本錢，只有這樣，你才能不斷充實自己，以免「江郎才盡」。而事實上，不論是哪方面的投資，其根本也都必須以投資自己作為基礎——你要買股票，你就必須懂得股票方面的知識，最起碼你也要購買一些股票方面的專業書籍來看，不是嗎？

提升自己是投資自己的主要目標，隨著自我投資的增加，我們自身所具有的價值也將逐漸提升，任何一個想借用我們「價值」的人也就必須付出更高的代價，例如調薪；同時，我們在提升自己時所進行的投資，一旦落實就永遠屬於我們，再也不會消失，即使它在一時間不能發揮作用，也會被累積起來，最終爆發出驚人的力量，為我們贏得豐厚的回報。

那麼，我們該如何進行自我投資呢？

1.完成學位。

假設你還沒有取得學位，就要趕緊進行這方面的投資，因為高學位可以幫助你順利晉升和跳槽。

2.取得證照。

很多行業都有其相應的證照，這些證照都是你能力的證明。當你從事一個行業的時候，一定要投資學習，儘快取得相關的證照。

3.語言學習。

溝通是任何工作都需要的，無論你所從事的工作是否需要與外國人打交道，最好在語言學習上進行投資，這將會幫助你提升自己的事業——因為越大型的公司，多少都免不了要和外國人有所交流。

除此之外，當你感覺在工作中捉襟見肘、力不從心的時候，最好認真反省一下，看看哪裡需要提升，然後果斷地在這方面進行投資。只要你能夠好好的投資自己，終有一天，你所投入的錢都會飛回來的。

5 CHAPTER FIVE 享受一輩子的「勤奮寶藏」

開始時別怕多付出

成功是不斷累積而成的，當我們的付出累積到一定程度的時候，自然就能夠看到成功的曙光。

所以，無論做什麼事情，都不要怕付出太多。很多時候我們總會將得失放在第一順位，不願意付出得比人多，也希望付出就馬上要得到回報——這正是我們始終徘徊不前，只能看著他人不斷成功的原因！

卡內基曾說：「有兩種人將永遠一事無成：一種是除非別人要他去做，否則絕不主動去做事的人；另一種則是即使別人要他去做，也做不好事的人。那些不需要別人催促，就會主動去做應該做的事、而且不會半途而廢的人，必將成功。」主動做事的人其成功機率要遠遠大於被動等待的人，因為成功總是眷顧那些做得多的人——大多數的人總是不肯吃虧，能少做就少做，結果每次就只能看著別人成功。

沒有付出就沒有收穫，這是亙古不變的道理，只要你多付出一點，你才能取得別人所不能取得的成功——成功總是躲藏在你多付出的部分中，多付出一點，你才能往成功多靠近一步。

黃俊生是一家公司的基層員工，工作非常的認真負責。一天下班前不久，公司突然召開會議，好不容易等到會議結束，大家紛紛起身準備離開，就在這個時候經理又忽然說：「我想弄一個區域網路，誰來幫我用一下啊？」大家你看我，我看你，沒有一個人應聲，因為誰都不想在下班後留下來多做白工。經理掃視全場的人，臉色變得越來越陰沉，這個時候只有俊生說：「我來做吧。」大家一看都鬆了口氣，終於有個傻子願意擔下來，於是全都幸災樂禍地走了。

經理留下俊生，交代完事情後也先離開了，會議室裡只剩下俊生一個人……。其實，俊生對區域網路也不甚瞭解，雖然大學的時候曾經接觸過，但他從來沒有實際操作過；沒有辦法，他只好跑到附近的圖書館去查閱相關的圖書資料，經過一番認真鑽研，好不容易才搞懂要如何建立區域網路。

經過反覆幾次嘗試後，區域網路終於用好，這讓俊生多花了數個小時的休息時間來處理。經理對於俊生的做法非常欣賞，當眾表揚了他。後來當公司的職位出現空缺，經理第一個就想到俊生。

當我們一無所有的時候，我們只能透過自己的努力和付出去換取自己想要的成功，如果我們不願意付出，我們始終就只能是一無所有。

在職場中，很多人習慣被動等待，習慣只做自己工作範圍內的事情；當然，一個人能好好地完成自己分內的事情也可以說是表現不錯，但這還並不足以讓你脫穎而出，因為這只是一個基礎，每一個身在職場的人都知道要完成工作——想要成功，你就必須多做一些，哪怕只是做一些端茶遞水的事，也算是比別人多做了——這都足以向上司表明你是一個願意付出的人。

能夠取得成功的人，總是懂得比別人多付出一點，他們不會計較眼前的得失，因為他們需要用自己的付出去換取成功。如果你一開始就斤斤計較付出與收穫的比例，你永遠都只能做很少的事情，得到很少的回報，因為不會有人願意給你更多的機會做更多、更大的事情。

在開始的時候多付出一點，是為了讓自己擁有更多的「機會」，沒有人會願意把機會給一個不願意做事的人；當你的努力被他人意識到的時候，你的能力就會被他們認同，他們就會願意把更重要的事情交給你去做。

某家公司的老闆要到美國去與另一家公司商談合作事宜，商談結果將關係到公司未來的發展方向。老闆手下的幾個助理為此忙得頭暈眼花，根本沒有時間休息。張磊森和霍晨曉兩人都是老闆的助理，他們一個負責草擬談判方案，一個負責草擬發言稿。

老闆臨行的前一天晚上，晨曉問磊森道：「你的發言稿打好了嗎？」疲憊不堪的磊森說：「最近幾天都要累死了，我還沒來得及打完。再說了，發言稿是英文寫的，老闆看不懂英文，在飛機上不可能先讀一遍。等他上飛機後，我回公司把文件打好再發郵件給他，應該來得及。」

誰知，第二天上飛機之前，老闆就向磊森要發言稿，磊森一時不知道怎麼辦，只得一五一十地把自己的想法說出來。老闆聽完後暴跳如雷，罵道：「怎麼會這樣？我已經計畫好要利用在飛機上的時間，與同行的外籍顧問研究一下自己的報告和資料，才不至於白白浪費坐飛機的時間啊！」

到了美國後，晨曉擬定的談判方案在談判中大獲全勝，回國後，老闆立刻就提拔了晨曉，而磊森則在擔心被開除的陰影下率先請辭了。

當我們與別人在同一個起跑線上時，只有比別人多付出一些，才能跑在別人的前面，搶先取得成功；如果我們一開始就抱持著要比別人付出得更少以獲得同樣收穫的態度，我們的目光就太過短淺了──將來的成就取決於現在的付出，我們比別人多付出的部分就是我們先人一步的資本。

人生就像一場沒有終點的旅行，遠方永遠可能有更漂亮的風景，我們始終無法預知。但只要我們每天都比別人多走兩步，就一定能比別人先一步抵達。從開始的時候，我們就要比別人多付出一些，只有付出得多，我們才會有更多的回報；當我們還一無所有的時候，我們更應該用自己的努力，一點一點地積累資本，直到我們真正地擁有成功。

路，要走到終點

有一個人在掘井，但每次當他挖到五公尺深的時候就累了，於是他會放棄，另外在附近找一處新的地方重新開挖。就這樣，他整整挖了三個月，住家附近的土地都被他挖遍了卻一無所獲；於是，在他打算放棄的最後一口井中，他憤怒的大叫一聲決定離去，並用力的將鏟子往地上一插，突然，土地裂開了，清涼的水就這麼從地下冒了出來——這時他才發現，原來水一直都在十公分之內的距離，只要他在挖掘第一口井時往下多挖個十公分，他早就可以輕鬆的享受成果了。

人的一生非常短暫，卻有很多道路可以選擇。想要在短暫的人生中取得成功，我們就必須選擇一條道路，然後堅持下去。只有這樣，我們才能窮盡道路的盡頭，發現風景的美好；如果總是不斷地改變自己的人生道路，我們就會像那個挖井人一樣，始終難以取得成功。

人的一生，精力是有限的，但世界上的任何事情都是無限的，即便窮盡我們的一生，往往也無法讓一件事情達到「完美」；如果我們再把自己有限的精力分散到不同的事情上，我們就更加難以取得成功。只有專注於一件事情，才能不斷取得階段性的成功。

漢朝有一個守城門的官員，已經六十多歲了。他從年輕的時候就擔任這個職務，到了這個年紀卻依然沒有改變。這讓大家很好奇，於是有人問他為什麼一輩子都在做這個職務，沒有任何晉升的機會。老人回答道：「當今皇上的祖父在位的時候，喜歡驍勇善戰的人，於是我就下決心要好好習武，將來要在沙場建功，揚名立萬；可是等到我武藝練成時，卻已是當今皇上的父親在位，他喜歡的是文臣儒士，於是我又下定決心要好好讀書。在我苦心鑽研詩書多年以後，好不容易學有所成，可這時卻又換成是現在的皇上即位，而我也垂垂老矣，什麼都做不成了。」

世上很多事情不是一蹴而就的。如果我們不能把自己的精力全部用在一件事情上，到頭來，我們將會一事無成；因此，我們應該根據自己的興趣、愛好，儘早確定自己的人生方向，一旦確立了自己的目標，就應該朝著這個目標前進，把所有的能量都匯聚於這一目標上，絕不三心二意。只有這樣，我們才能在自己選定的事業上做出成績，成就自己的人生。

打個比方吧，假如我們從一開始就決定要從事傳媒產業，我們就應該努力學習這方面的知識，提高自己的專業能力，直到我們的能力能夠在產業中遙遙領先，這樣才能做出應有的成績。如果我們三心二意，吃著碗裡的卻看著鍋裡的，到頭來肯定會一事無成。

假設我們一開始想要從事傳媒產業，當我們真正接觸傳媒後，卻又發現電子商務才是大有前途，於是轉而去學習相關知識；可是剛學電子商務沒多久，然後又發現做金融好像更好，於是又轉而去探索金融知識……結果，一生就在不斷轉移目標中無謂度過，在任何一個行業中都只是半調子，略懂一點卻不精通，白白地蹉跎歲月。

然而，世上總是有很多東西會改變我們的心意，使得我們不能專注於一件事情，尤其在社會發展變化如此之快的今天，不少行業都是時起時落，而這往往會影響我們對目標的設定，因為我們很容易受到社會主流價值觀的左右。當眾人都說「這個行業有前途」的時候，我們就會忍不住想要嘗試看看；而一旦我們發現這個行業不再是社會上的主流後，又會產生更換目標的想法。

同時，社會中不斷出現的新鮮事物也會不斷地刺激著我們的神經，使我們在不知不覺中轉變自己的目標；而目標一旦轉變，之前的努力就全部化為烏有，一切又得重新開始。

事實上，社會環境雖然會對我們造成影響，但一個人的目標能不能實現卻並不完全取決於此——任何一個行業，都會有人取得成就——我們的目標制定除了與社會相關外，更重要的是自身的興趣、愛好和能力。「滴水穿石」的故事我們都知道，水滴之所以能夠穿透石頭，原因就在於每一次的目標都是同一個地方；若它總是落向不同的地方，即使有再多的時間，只怕也是無法把石頭穿透的。

換個例子來說，這其實就跟打仗一樣，如果我們把兵力分散，雖然擁有千軍萬馬，分散的力量也無法輕易打下一個弱小的城池；但如果我們集中兵力，即使總體兵力稍嫌不足，集中的攻擊也可能有機會攻下一個城高池深的大城。這告訴了我們：別輕易的更換目標，因為即使換了，你也未必能在短時間內取得成功。

實現目標的過程是艱難的，在這個過程中，我們必須有恆心、有耐心。只有這樣，我們才能迎難而上，才不會半途而廢；如果我們畏懼困難，因為困難而不斷改變自己的目標，結果必然一事無成。

總而言之，無論什麼理由，我們都不要輕易地改變自己的人生目標，只有專注於一個目標，才有取得成功的機會。在人生的路途中，我們要像李叔同大師所講：「用工夫要如貓捕鼠（專注、奮發），如雞孵卵（專注、無間），如流水穿石、如鑽木取火（專注、不停），乃能成就。」

免費是世界上最貴的東西

每個人都想取得成功、獲得成就，內心的懶惰因子常使人整日幻想不勞而獲的事情。很多人一聽到「免費」，就會如同蒼蠅見著蜜糖一樣奮不顧身，最後雖然吃到蜜糖，卻也被蜜糖粘住手腳和翅膀。沒有付出就想要享受，又或者是挖空心思去占別人便宜，這樣的「享受」和「獲得」都必定會讓你付出慘痛的代價。

有一隻狐狸在路上遇到了另一隻狐狸，那隻狐狸告訴牠，前兩天牠一直沒有出去捕獵，因為那天牠在山裡散步的時候碰到一隻剛死去的驢，讓他飽餐了一頓。

這隻狐狸聽了不免心動：不用捕獵還可以天天吃到好東西，這是多好的事情啊！於是，他再也不去捕獵，而是天天等著食物自己送上門。

一天，有一隻兔子被獵人用箭射倒，箭身雖被獵人拔掉但箭頭還留在心臟裡。這兔子臨死掙扎，好不容易從獵人手中逃走，最後不濟倒地就正好倒在狐狸的家門口。狐狸大喜過望，好事終於降臨到自己的頭上啦！於是，已經餓了好幾天的牠，撲上去就是一陣狼吞虎嚥地吃了起來，一不小心，連箭頭都給吞了下去，結果箭頭就這麼卡在牠的喉嚨裡，一命嗚呼。

上天永遠不會給一個人機會好讓他不勞而獲，即使看起來是「免費」得到了巨大的利益，但那也只是暫時的，最終也將為不勞而獲而付出慘痛的代價。例如當年呂布背信棄義，奪取劉備的徐州，最終卻被曹操所滅，就是一個很好的例證。

人人都知道，「天下沒有白吃的午餐」，但世界上卻仍有許多人抱著貪小便宜和懶惰的心，幻想著不勞而獲。因為不勞而獲是免費的，而免費是如此誘人，它既可以滿足人們對於財富、名利等的欲望，又可以讓人們不用付出任何代價——「免費」正是誘發人們內心深處懶惰因子的最佳餌食。

「一分耕耘，一分收穫」是亙古不變的真理，只有付出得多，才能得到得多。在沒有付出的情況下，你所能得到的，要麼是別人付出而成的結果，要麼就是別人設下的陷阱；別人付出而成的結果，終究不屬於我們，即使我們能夠在一段時間內占有，也不可能長期占有；至於別人設下的陷阱，更能將你推向萬丈深淵。這就好像是打仗一樣，如果你一路旗開得勝，不費一兵一卒、攻城拔寨，在前面等著你的也許就是對方的致命一擊。總而言之，不勞而獲是要不得的，它就如同建立在流沙上的高樓大廈，隨時都有坍塌的危險。

所以，如果我們希望自己的一生有所成就，就必須克服怠惰心理和貪便宜的心態，既不搶奪別人的辛勤成果，也不去撿那些看似免費的利益，只有這樣，我們才能紮穩根基，構築屬於自己的瓊樓玉宇。

天上永遠都不會掉下禮物。

很多時候，我們只是看到那些成功人士身上的光環，而忽略了他們在成功之前的艱辛努力；如果我們只是簡單地將他們的成功歸結為「運氣使然」，那麼這些成功人士的故事就不再是激勵我們奮進的榜樣，而是導致我們繼續懶惰的罪魁禍首——因為我們會天真地將人生寄託於運氣，再次上演「守株待兔」的故事。

成功學大師克萊門．史東（Clement Stone）曾說：「理智無法支配情緒，只有行動才能將之改變。」選定你最有優勢、最喜歡的事，然後全力以赴，你會發現自己離成功並不遙遠。如果你想擁有成功的人生，就不要整天躺著幻想，你要趕緊行動、制定目標、朝著目標努力！當我們用自己的努力換來一點又一點的收穫時，那種甘甜將會讓我們忘記曾經的磨難，促使我們再次向前進發。當我們的收穫逐漸累積到一定程度的時候，成功便會在剎那間降臨。

凡事先一步

史東說：「生命是一個奧秘，它的價值在於探索。因此，生命的唯一養分就是冒險。」人生發展的過程就是一個不斷探索的過程，如果我們總是沿著前人走過的路往前走，我們的人生將會一片灰暗，因為走在那樣的道路上，我們沒有機會去超越他人、取得成功；但是，如果我們敢於冒險，走前人未走過的路，在未知的領域開拓屬於自己的領域，我們就能夠搶占先機，率先取得成功。

魯迅先生曾稱讚的說：「第一次吃螃蟹的人是很可佩服的，不是勇士誰敢去吃它呢？」敢當第一個吃螃蟹的人，不僅勇氣可嘉，而且也是第一個嘗到螃蟹美味的人；同樣的，只要我們能夠先人一步，搶占先機，我們一樣也可以比他人更快地取得成功。

被稱作中國網際網路之父的馬雲，是阿里巴巴集團董事長，更是紅透半邊天的淘寶網創辦人。但你知道嗎，馬雲原本只是一名英語教師，除了知道如何收發電子郵件外，對電腦知之甚少。

一九九五年，馬雲出訪美國時首次接觸到網際網路，他在鍵盤上敲下「China」，搜索的結果卻是「沒有資料」——無遠弗屆的網際網路卻居然搜尋不到「中國」？這讓馬雲既驚奇又沮喪，可是他也意識到網際網路的巨大作用，也看到中國未來的前景。對網際網路雖然還不是很瞭解，但他決定提前占領中國的網路市場。回國後，他向親戚借了近十萬元，創辦網站「中國黃頁」。

一九九五年五月九日，馬雲的中國黃頁第一次上線，當時網際網路上的中國網站很少，中國黃頁「上網」後的效果很好，馬雲打響了創業的第一炮。它和後來的阿里巴巴、B2B的電子商務、C2C的淘寶網一起開創了中國近代的網際網路時代。而馬雲也因為這種「先一步」的精神，搶占中國網際網路的制高點，為他現在的成功奠定了穩固的基礎。

敢先人一步，需要勇氣。在未知的領域摸索，處處充滿危機，一不小心就會滿盤皆輸，所以很多人不敢去嘗試；但是如果成功了，那將是一個廣闊的領域，你將在一個巨大的舞臺上演出自己的精彩人生。如果始終不敢邁出嘗試的第一步，你的人生就會是照表宣科，始終不會有壯麗的詩篇。

這是一個快速變化的時代，每天都有新鮮的事物產生，也有過時的東西消失。而這個時代需要的也正是敢於向未知發起挑戰、不斷創新的人。只有敢於嘗試新鮮的事物，才能搶先一步獲得成功；如果我們為求安穩而等著別人先去探路，奢望後來居上就很難開創出新的局面。

先人一步，往往就能夠先人一步取得成功。有人冒險創業成了富翁，而那些屈居牛後的小上班族就只能夢想著有一天突然中獎發大財；當然，也有人在創業中失敗，但這也是一種成功前的投資。伴隨著社會潮流的不斷變革與創新，會有更多的新興產業不斷湧現，我們要善於從中發現機會，搶占先機，以求出奇制勝、占領市場、取得成功。

任何事情都需要有第一個去嘗試的人，你不去，別人就會搶占先機。iPhone的成功正在於他勇於搶先，先一步進入市場而成功占據智慧型手機的定義權。所有的商機都是如此，你必須在蒙昧階段就預做處理，不要擔心犯錯誤——最大的錯誤，就是不敢去嘗試而失去機會。

很多人在做事的時候總是瞻前顧後，在拖延中喪失先機。要知道，機會轉瞬即逝，根本不會讓你有時間多做思量，如果你非要等到面面俱到、照顧周全後才準備動手，那不只是困難，更可以說是坐失良機。眾多成功人士的經歷讓我們看到，只有做別人沒有做過、沒有發現、不敢去做的事，才有機會把自己推向人生的顛峰。

敢於向未知挑戰，始終走在前面的人，雖然要承擔探路的風險，但也一定會是第一個成功的人；不敢去探索，永遠跟在別人後面的人，就只能領受殘羹剩湯，不可能會有大的成就。

在人生的旅途中，會遇到很多的岔路，往左還是往右需要自己選擇，不可以老縮在他人的後頭，跟著別人的腳步往前慢步。我們要學會自己做選擇，成為第一個踏上未知道路的人，只有勇於做第一個，才能真的成為第一。

培養自己的核心能力

這是一個充滿競爭的社會，如果你想要在激烈的競爭中拔得頭籌、取得成功，就必須擁有比別人強的核心能力。一個人是否具有核心能力，決定了這個人的成就大小。

所謂「核心能力」，就是一個人賴以生存和參與競爭的能力，是一個人能力的根本所在；沒有核心能力，就失去了與別人競爭的武器，最終會在激烈的競爭中被淘汰出局。

一個人的核心能力與其所從事的行業有關。

現代社會，分工細密，幾乎每個人都只能在自己的行業裡求最好的表現，競爭最佳的資源；因此，自己核心能力的培養，應該與自己的事業相互結合，根據工作的需求培植自己的核心能力。在行業競爭中，只有從業能力強，能夠在這個行業中創造更高效益的人，才能在這個行業中脫穎而出。

朱曉琳從專科學校的應用外語科畢業後，在一家外商企業內做業務員。由於這家公司的合作夥伴都是外國企業，曉琳的英語專業優勢被凸顯出來，因此在公司裡表現優異；只是一年過去了，她還是做基層的業務員，她一直都想不通：為什麼自己沒有晉升的機會？

後來，偶然的一次機會，她看到主管的辦公室裡放著一本關於國際貿易知識的書籍，她才終於明白自己沒有被升職的原因——雖然自己的英語很好，有很大的優勢，但對於國際貿易的知識卻並不熟悉，一個半路出家的人又怎麼可能足以領導內行人呢？

於是，曉琳下定決心，要惡補國際貿易的知識。她報名參加一個培訓班，經過一年的學習，取得結業證書；在這一年裡，她經常向旁人請教國際貿易的經驗與知識。充電後的曉琳在工作上越來越得心應手，儼然成為眾多業務員的領袖人物，大家只要有問題就會向她請教。

充足的國際貿易知識再加上原本的外語優勢，使得她的工作業績一飛沖天，果然在該年年終時得到了公司總經理的晉升。

每個行業對從業人員的要求都有所不同，既然你選擇了自己的事業，你就必須適應這個工作，並力爭在同行的競爭中勝出。

所以，在培養核心競爭力時，我們要思索：哪方面的能力最能夠提高我們的專業能力？只有抓準目標，明確方向，才能更快地讓自己變得更為優秀。

至於那些還沒有選擇自己的行業、還不知道將來要從事什麼工作的人，又該怎樣培養自己的核心競爭力呢？

在這種情況下，必須由自己的優勢出發，從中去發展出核心能力，促使我們變得更加優秀，然後再根據核心能力選擇自己的事業，成就自己的人生。

以往，我們常被教導要找到自己的不足並設法彌補，但這並不是讓我們在競爭中勝出的最好辦法。首先，由於興趣、愛好等的不同，每個人的優勢是不一樣的，如果我們在自己不具備優勢的方面勉強去培養核心能力，最終仍難以與具備優勢的人進行競爭；其次，如果我們不在自己的優勢上打造核心能力，而浪費時間去彌補自己的不足，即使能夠真正補足自己的缺陷，我們卻依然缺乏核心競爭力。

在這個專業化的時代，表現平平，就會被湮沒在眾人之中；所以，最好的辦法是找到自己的優點，並在自己的優點上下功夫——「經營自己的優勢」才是制勝之道。

微軟的創辦人比爾．蓋茲就是一個善於找到自己競爭優勢的人，他曾這麼說道：「做自己最擅長的事。」

比爾．蓋茲創業的時候，還是一個沒有畢業的大學生，但他已經意識到自己的競爭優勢——那就是擁有電子方面的長才。因此，他選擇從哈佛大學退學，從事電腦方面的工作。

一九七五年一月的《Popular Electronics》雜誌封面上有一張Altair8080型電腦的圖片，就是這張照片，一下子點燃了比爾．蓋茲及其好友保羅．艾倫的電腦夢。

這台電腦是由一個名叫愛德華．羅伯茨的人研發的。比爾．蓋茲看到了商機，主動打電話給愛德華．羅伯茨，表示願意為他研製Basic語言。於是，蓋茲和他的好友艾倫一起在艾肯電腦中心努力了八週，為這台電腦配上了Basic語言；在此之前，從來沒有人為微型電腦編寫過Basic程式，他們開闢了軟體標準化生產的基礎。

蓋茲抓住、並利用了自己的優勢，在軟體發展上取得巨大的成就。一九七五年，微軟公司誕生，蓋茲和艾倫利用自己的優勢，奠定了在電腦軟體發展領域的基礎，迎向成功的人生。

在人生經營的過程中，我們應該先明白自己的優勢所在，並以這些優勢為基礎打造自己的核心能力——核心能力就是支持我們在競爭中勝出的核心競爭力，這是我們能否取得成功的關鍵所在——我們必須擁有一項別人沒有的、或者遠遠勝出旁人的能力，才能讓你周圍的人，包括朋友、同事、上司以及周邊的人刮目相看。

事實證明，擁有核心能力的人擁有更多的成功機會。

口袋有財不如腦袋有才

在拜金主義盛行的現代社會，人們對於財富的迷戀已經到了無以復加的地步，除了財富以外，很多人的眼睛裡再也看不到其他的東西，對他們來說，財富就是唯一，有錢就擁有一切；然而，財富真的能主宰一切嗎？不能！

人說「富不過三代」，無論曾經累積了多少財富，三代以後就會逐漸走向衰落，其原因就在於一代不如一代，下一代的人總是靠上一代傳下來的財富過著安穩的生活，而本人卻缺乏賺錢的才能，最終坐吃山空——所以「有財不如有才」！

在人們對財富迷戀的時候，有沒有想過是什麼創造了財富？答案很明確，那就是才能。

一個有才能的人，能夠白手起家、從無到有；而一個沒有才能的人，則會從有到無、一無所有。或許有人會說，錢能生錢，只要擁有財富，就不用擔心以後會失去財富？不錯，錢能生錢，但如果你不懂得如何去運用已有的財富變成生錢的資本，那也只會將金山揮霍一空。所以無論在什麼年代，口袋有財都不如腦袋有才。

猶太人是世界上最有錢的民族，可是他們從來都不把財富看成是最重要的東西，在他們看來，智慧才是一個人永恆的財富，它能引導人走向成功。無論什麼時候、什麼地方，有了智慧就不會貧窮。

一艘載滿許多大富翁的豪華郵輪正出海航行，在這些富翁中，有一個猶太人和其他的富翁不一樣，他不是腦滿腸肥，而是擁有淵博的知識；在其他富翁閒著沒事、互相炫耀自己所擁有的財富時，他從來不參與。

其他富翁很好奇，都想知道他在從事什麼樣的生意、擁有多少財富，於是紛紛向他詢問。他只這麼說道：「我覺得大家都沒有我富有，只是我的富有不能體現在金錢和實物上。」對於他說的話，其他富翁都不以為然。

船航行到半途的時候，他們不幸遭遇海盜襲擊，富翁們所攜帶的金銀財寶全被搶劫一空。所以當船航行到下一個港口的時候，他們不得不下船謀生。

下船後，這名富翁憑藉著淵博的學識成為當地一名優秀的教師，當地的居民對他這個外來的人非常擁戴，因此他在這個人生地不熟的地方也擁有了不錯的生活。

一段時間後，他與曾在同一艘船上的其他富翁們相遇，那些人都過著食不果腹的生活，陷入淒涼的境地。那些人一看到他的樣子都感到驚訝，聽完他陳述後，才深刻地體會到「學識是一個人最可靠的財富」。

「財」和「才」的區別就在於：財富隨時都可能消失，而才能則會永遠伴隨著你。所以，只有才能才是永恆的。

智慧與才能是財富的泉源，它可以隨時隨地為我們創造財富。陶朱公範鑫多次散盡家財，而又多次重新起家，靠的就是精明的頭腦，無論在什麼地方，他都能看到財富的存在，進而將之盡收囊中。在這個金錢充斥的社會，我們首先要把心態持正，不要讓自己對財富的渴望浮躁了自己的心靈，忽略了才能的培養；你要相信，只要擁有了才能，你就會擁有財富，即使現在一無所有，也一樣可以「以才生財」。

二十世紀五十年代，桑迪在紐約郊外的傑弗遜港鎮上與一位叫瓊的姑娘結婚，他們所有的財富就是妻子陪嫁的三千五百美元，在很長的一段時間裡，桑迪的薪水甚至無法支付孩子的奶粉錢。後來，妻子將自己陪嫁的所有錢都拿出來，讓他在鎮上開了一家生牛屠宰坊，專賣牛肉。

鎮上有一家牛排餐廳，生意很好，為桑迪的牛肉屠宰坊消費掉大部分的牛肉，也讓他漸漸有了一點積蓄；可是好景不長，沒多久，牛排餐廳因經營不善即將倒閉，餐廳老闆希望能將店頂讓出去，可又沒有一個人願意接手。在這僵局中，桑迪的生意因餐廳生意下滑而大受影響，就在一籌莫展之際，桑迪做出一個驚人的決定：買下那家餐廳！

他的妻子對此非常不贊同，因為在她看來，那家即將倒閉的餐廳不會帶來任何利益；可是桑迪卻認為，買下那家餐廳之後便能與自己現有的事業相結合，實現「一加一等於四」的價值。

桑迪用全部的積蓄——五千美元買下了那家餐廳。而由於他對餐廳的經營進行了一系列大膽而富有創新的改革，很快地，餐廳的銷售量開始回升，牛肉屠宰坊的生意也跟著活絡起來，桑迪成了鎮上屈指可數的有錢人。

桑迪將自己「一加一等於四」的邏輯向妻子解釋：一家屠宰坊和一家餐廳看起來是「一加一等於二」，但在經營餐廳方面，卻因此省去一筆材料費，節省下來的成本就是利潤，這就是「一加一等於三」；而對牛肉屠宰坊來說，有了固定的銷售對象，雖然沒有利潤，卻不用再為「賣不完」而憂心，節省下來的時間和精力就可以用來經營餐廳，這無疑也是一筆巨大的財富，也就是「一加一等於四」了。

在後來的生意經營中，桑迪不斷運用「一加一等於四」的經營理念，擴大自己的生意，直到後來與花旗銀行合併，建立全球最大的金融公司——花旗集團。桑迪就是連續多年被紐約證券交易所評為「最佳CEO」，並且素有「華爾街奇才」、「資本之王」稱號的桑迪．威爾（Sandy Weill）。

牛肉屠宰坊對桑迪來說，就像是一個人的根本之「才」；餐廳卻是他運用這筆「才」的取「財」之道。「才」和「財」正是這樣相輔相成，先有本，方能以本生利，最終以「一加一大於二」的方式為我們贏得成功。從另一個面相來說，桑迪本身運用「一加一等於四」的智慧，其實更是他能把握住成功的根本因素，沒有看透世情的智慧，就無法做出正確的投資。

從古至今，從來都不曾少過白手起家的人，當然也有許多由億萬富豪變得一文不值的人。一個人能否取得最終成功，不在於他已經擁有多少財富，而在於他擁有多少智慧；當你真正懂得運用智慧的時候，你就可以穩穩地為自己創造財富，並讓財富的快速累積。

6 CHAPTER SIX 愛情生活中的「幸福小語」

讓你的付出，得到對方的珍惜

在愛情的世界裡，付出卻沒有收穫是很常見的現象。當對方對你的付出已經失去了原有的感動，而把那當成是一種理所當然時，你自然難以從對方那裡得到相應的回報；而愛情原本該是一個平衡的天平，一旦平衡崩解，你就可能會失去愛情。

愛情的兩方既是付出的主體，又是接受的主體，只有當雙方在接受對方的付出後也主動地為對方付出，愛情才能夠保持長久。如果只是單方面的付出，你付出的越多，越是難以從對方那裡獲得回報。

陳以蕊愛上一個條件不錯的男孩，這個男孩跟她在同一棟辦公大樓工作，兩人認識之後，以蕊一直對這個男生噓寒問暖、關懷備至，天冷的時候提醒他加衣，天熱的時候提醒他通風，下雨的時候主動給他送傘……這些本該是男生做的事情，以蕊統統都做了，她希望這樣的舉動能夠打動對方的心。可是一切卻事與願違。

一天，她又去找那個男生，走到對方辦公室門口的時候，她卻聽到這樣的對話。

那個男生的同事問道：「那個天天來找你的女孩子是誰啊？你們什麼關係，人家對你那麼好？」那個男生不屑地說：「就跟我們是同一棟樓的，她主動追我的，也不是我要求的。但既然她這麼主動，那我就只好勉為其難地接受了。」說完，哈哈大笑。

站在門外的以蕊眼淚嘩地往外流，她不明白，為何自己付出這麼多之後，對方還是無動於衷，反而使自己成了一個笑話。

每個人都有這樣的毛病，太容易得到的東西往往並不在乎。尤其在愛情上，如果你表現得太過主動，太過積極地付出，對方反而會對你失去感覺，久而久之你的付出就不會再有任何意義。

如果你想要與對方擦出愛的火花，保持愛情的長久，你就要先學會「付出少一點」，保持若即若離的關係反而能引起對方的興趣，使他主動為你付出。

在愛情的世界裡，過多的付出反而無法收穫愛情；只有把自己的付出控制在一定範圍內，才能得到對方相應的回應，才能讓你與對方的付出形成一個良好的互動與循環，愛情才能滋生並茁壯。

有一個叫劉若芳的女孩，她用一個獨特的方式贏到一個優秀青年的愛，並與他走進了婚姻的殿堂。

那個男人是一個事業有成的人，有著萬人迷的魅力，許多女孩子都暗戀他，甚至還有人主動倒追，不過全部都被他拒絕了。而若芳也是愛慕者中的一個。

事情是在某天發生的。那個男人在他常去的餐廳遇到若芳，可是，令他奇怪的是，這個女孩居然沒有像以前那些女孩一樣主動向自己搭訕。這一下，他興趣來了，一直默默的盯著若芳，而若芳當然也知道，只是她依然無動於衷。

連續幾天過去了，若芳始終是那個態度，最後反而是這個男人忍耐不住，主動約若芳出去。若芳答應了，但她卻稍微猶豫了一下才說：「我不認識你，所以這還不算是約會。我們就先像朋友一樣開始，然後，順其自然吧。」

在之後日子裡，那人對若芳展開激烈的追求，但若芳卻始終保持著若即若離的態度，將主動權掌握在自己手中。對於那個男人的付出，若芳也給予回應，但都是淡淡的。一直過了好一陣子，兩人才確立戀人關係。

在戀愛的過程中，若芳開始主動關心那個男人，當然，這一切都是建立在對方也對她表達關心的基礎上。於是兩人的關係就在這種良性互動下不斷升溫，最終走進婚姻的殿堂。

有一句話是這樣形容愛情的：「在愛情的世界裡，誰愛得多一點，誰就吃虧一點。」這句話很有道理，所謂「愛得深」就是在愛情中主動、積極付出的一方，而如果不能掌握好付出的力度，你的付出將會嚴重貶值，讓對方將你的付出看輕；付出得越多，離想要的愛情就越遠，因為積極的付出往往會讓對方產生極強的優越感，這種優越感會讓對方覺得你無法離開他，從而對你越來越不重視。

如果你的愛情已經發生了這種情況，那麼趕緊懸崖勒馬，疏遠一下彼此的距離，減少一點自己的付出。這樣才能讓對方意識到你的重要性，反思自己的行為，使得愛情的天平重新處在平衡的狀態。

「刀子嘴」傷了愛，再軟的「豆腐心」也枉然

在很多情況下，我們把「刀子嘴、豆腐心」的人當作好人而大加讚揚。的確「刀子嘴、豆腐心」的人確實是好人，但是否值得讚揚可就未必了。因為這樣的人雖然出發點是好的，但他造成的結果卻未必是好；太多的「刀子嘴」往往會傷了人心，想要用「豆腐心」來彌補恐怕不太容易。

在很多情況下，我們在外人面前都是彬彬有禮，說話溫婉和氣；但是，一回到家裡，有時不免會對深愛的人惡言相向，極盡冷嘲熱諷之能事，有的人甚至惹得對方越生氣，自己就越舒坦——為什麼會這樣？為什麼自己會說這種話？自己根本就不是這麼惡劣的人啊？

老婆：你今天早上去看醫生，醫生怎麼說？

老公：我上午開完強強的家長會已經十一點了，醫生週末下班可能比較

早，所以我沒去。

老婆：什麼？你又沒有去！這是我第三次和人家張醫生約了耶，你做事怎麼都這樣優柔寡斷，我真的最看不起你這一點了！

老公：我腰已經不疼了，不需要去看了，這樣行了吧！我自己的問題我知道，是太冷才疼的。妳不用管，沒人要妳管這麼多。

老婆：呵，說得好聽，用不著我管？那好啊，這整個家就給你管，擦地板、買菜、洗衣，哪個不是讓人累得半死，你就來做一天看看啊！這家裡，男人不像男人，女人不像女人。

老公：好，妳就放著啊，我又不是說我不拖地，拖把拿來！

老婆：你少來了！現在叫這麼大聲，明天又喊這兒疼那兒疼的，我可擔當不起！我寧願你不幫忙，也不想在病床前幫你把屎把尿的侍候。

老公：侍候？講得好聽，我之前腰都疼得難以起床了，卻又哪敢指望妳幫我按摩一下？妳一天不罵人我就謝天謝地了。人家都說夫妻是同甘共苦，我算是看透妳了，萬一這家裡發生什麼事，我們家遲早是要散了的。

老婆：你說這什麼話！說話要有良心啊！我嫁給你十年了，享過什麼福？你每月三萬不到的薪水，我一塊錢要當成兩塊錢來用，全家都陪著你吃苦，我又什麼時候抱怨過了？你現在說這種話，實在是良心被狗咬了！

老公：得了吧，反正我就是窮，我沒錢，妳命苦。嫁豬隨豬，我就是豬，可以了吧？

老婆：對，你整天就想著睡！你就不能出去掙點錢嗎？要睡滾出去睡，別在屋裡礙眼，看了心煩！

這種現象之所以會出現在夫妻之間，完全是生活壓力所迫。在結婚前，兩個人可以卿卿我我、你儂我儂，可是一旦結婚，過的就是柴米油鹽醬醋茶的日子，各種壓力也隨之而來，生活中的種種瑣事早已使得很多人失去耐心，有的人甚至是乾脆裝做看不見家裡堆積如山的家務；可是看不見卻不代表不存在，一方的怠惰，卻會把身旁的另一半逼瘋，如果再加上工作中的種種壓力和委屈，更是會把人推上崩潰的邊緣。於是，因為不可能把這種心理壓力發洩到旁人身上，所以家裡的人就都遭了殃，夫妻之間的「刀子嘴」就逐漸形成，進而成為一種常態。

「良言三冬暖，惡語六月寒。」刀子嘴雖然可以宣洩壓力，逞一時之快，但對感情卻會造成致命的傷害。夫妻之間最需要的是相互尊重，而「刀子嘴」卻是極盡貶損之能事，將對方罵得體無完膚，最後必然會在對方的心裡留下難以消除的傷痕；即使你在宣洩完壓力之後，依舊對他非常好、甚至加倍的好，但這些補償事實上都無濟於事，因為傷人容易修復難，創傷一旦造成就難以撫平。

浪漫終歸平淡，激情的戀愛則必然要走向平凡的婚姻，而在平凡的日子中，總會出現種種不如意，這種時候需要的是雙方有效的溝通，共同解決生活中的問題。其實，「刀子嘴」背後隱藏的是一種訴求，一種對生活、對彼此的一種要求。

生活的壓力讓很多人都失去了用正常言語表達訴求的能力，轉而使用「刀子嘴」進行表達，但這種表達方式卻是所有人都無法接受的。作為婚姻中的一方，一定要學會合理地控制自己的情緒，心平氣和地將自己的訴求表達出來，這樣夫妻之間才能形成默契和共鳴。

別讓消極的表情傷害感情

面部表情能夠傳達出最豐富的內涵。

如果你經常在另一半面前擺出一副消極的表情，必然會讓你的另一半也感覺到不快，長久下去就會造成雙方的感情緊張；然而，很多人理所當然地認為家庭是情緒的避風港，總是把委屈、不快帶回家，希望用家庭的溫暖撫平這些煩惱——但請不要忘了，家庭需要的是溫馨，而不是苦惱——如果你經常把不快掛在臉上，自然會造成家庭氣氛異常，要麼劍拔弩張、要麼死氣沉沉，婚姻也將會變得岌岌可危。

威爾遜是一個農場主人，僱了一個技工師傅來安裝水管。這個師傅很倒楣，第一天就遇到一連串的事，先是輪胎爆胎，接著電鑽壞掉，新的水管也不幸斷裂，到最後，施工的車也拋錨。沒有辦法，威爾遜只好親自把他送回家。

到門口的時候，一臉沮喪的師傅並沒有馬上進去，而是在門口閉目養神了一會兒，等到打開門，師傅的臉上立刻換了另一種表情，整個人顯得很開心。

他分別給妻子和孩子們一個大大的擁抱，然後熱情洋溢地招待威爾遜進屋坐坐。威爾遜忍不住問道：「你為什麼要在進門之前，換上另一種表情？你今天很不順利，為什麼不向家人訴苦呢？」

師傅回答道：「在外面工作難免會遇到很多不順心的事情，但不能把煩惱都帶回家啊！不然，妻子和孩子也不會開心，家裡的氣氛就會變得很沉悶，這樣我一天在工作和家裡都不能感受到快樂，生活又有什麼滋味呢？把煩惱放在外面，煩惱很快就會離我遠去。」

工作不順利是再正常不過的事情，在回家之前一定要把煩惱丟掉，不要帶著一張苦瓜臉回家。如果每當工作出現問題時，你都帶著一張臭臉，夫妻親人之間的交流就會出現阻礙，家庭生活將會變得沉悶，自然將會對家庭關係產生消極影響。

尤其夫妻在一起的時候，應該是最快樂的。

如果你總是掛著消極的表情，必然會破壞這種快樂；你將所有的不快都掛在臉上，你的另一半不可能無動於衷，他也許會安慰你、鼓勵你，但這不該是婚姻的全部。如果你們在一起就只剩下安慰和鼓勵，這種婚姻不是很無聊嗎？

除了不要把外面的煩惱帶回家，在夫妻交流的時候也不要出現消極的表情。男人和女人所鍾愛的事情不同，談話的時候也有可能會出現話不投機的狀況。這種狀況在談戀愛的時候，雙方都可以包容，可是一旦走進婚姻的殿堂，雙方就不會再掩飾自己的不快；當對方喋喋不休地自說自話時，如果另一方露出嫌惡的表情，最後很可能會引發一場失控的「家庭大戰」。

李濤寶是一個不愛說話的人，他非常喜歡政治、軍事，尤其喜歡看足球；而他的妻子則是一個特別喜歡說話的人，經常喋喋不休，可以一個人說個不停。

談戀愛的時候，他把妻子的喋喋不休看成是一種優點，可結婚後，兩個人在一起生活久了，他越來越受不了妻子的嘮叨；同樣的，妻子在戀愛的時候也認為濤寶的愛好是一個男人的正常表現，婚後卻開始不能接受，不想總是被冷落在一旁。

這一天，濤寶正在看一場足球比賽，旁邊的妻子卻嘮嘮叨叨的說個沒完，一會說哪個百貨正在打折，一會又說哪家親戚的孩子要出國了。濤寶實在是受不了，就斜著眼瞄了妻子一下，不料卻被妻子逮個正著，原本說得正高興的妻子登時生起氣來，於是兩人為此大吵一架。到最後，妻子把電視機給關了，濤寶則跑進臥室，兩人開始為期一週的冷戰。

每對夫妻在性格上都會存在一定的差異，這通常是導致摩擦的根本原因。如果雙方不懂得互相包容，一旦對方做出令自己不快的行為就馬上在表情上做出反應，那麼對方看在眼裡必定痛在心裡；所以，無論在什麼情況下都不應該在另一半面前露出消極的表情，即使你對他的行為很不滿、即使你的心裡有無數的委屈，也不該失控！

這是避免傷害所愛的人的一種愛的表達。

給愛的語言上妝

拒統計，有百分之八十的離婚是由女方所提出的，可是在這百分之八十的離婚人口中，又有多少人是真心的想離婚呢？

有不少的女性在情急之下脫口說出「離婚」的字眼，而男人則順水推舟，婚就這樣離了。在夫妻吵架中，「離婚」兩個字在女方口中出現的頻率非常高，這多半是為了逞一時的口舌之快，只是單純想靠「離婚」來嚇嚇男人，可是一旦男人像李敖所說的「我一直很聽話，包括她提出要離婚」時，女性就只能啞巴吃黃蓮，有苦說不出了。

所謂「禍從口出」，這是千真萬確的！

夫妻之間的溝通非常重要，缺乏溝通的婚姻必然是失敗的婚姻。在現實生活中，大多數夫妻都在用不恰當的言語進行溝通，不僅不會讓感情升溫，反而造成了感情的創傷；尤其是一些女性習慣「說反話」，講話拐彎抹角、言不由衷，很多原本可以增進感情的話語卻以這樣的方式表達出來，聽在男人的耳朵裡，非但失去原意，還讓表面的意義傷了心。

劉佳嘉最近滿腹委屈……她覺得，自己明明很關心老公，可是兩人最近卻越吵越兇，連她自己也弄不清楚到底怎麼了。無論怎麼說，她所做的每一件事都是因為愛他，可是老公卻總是不領情——她沒有意識到，正是因為自己用了錯誤的方式來表達愛，才讓她與老公之間的愛悄然逝去。

一天晚上，已經十點了但老公還沒有回來，佳嘉心裡非常著急，可是他的手機卻打不通，心急如焚的她坐立不安，不知道該怎麼辦才好。好不容易，到了十一點鐘，老公回來了，這時的佳嘉既沒有表達自己那盼著老公回來的心意，也沒有去關心他晚回家的原因，而是直接開炮罵道：「你是死哪去了，這麼晚才回來？有能耐，你這輩子都別回來！」丈夫剛要解釋原因，她又不饒人地說：「說，跟誰出去鬼混去了？手機也打不通。」這下本來還想要解釋的老公也不想解釋了，直接回了一句：「愛跟誰鬼混就跟誰鬼混，你管不著。」最後兩人就這麼你一句、我一句的唇槍舌戰起來了。

愛情的保鮮和持久是要靠溝通來完成的，而語言的使用在溝通中發揮著重要的作用。可是，很多人不懂得如何表達自己的愛意：明明是關心，但聽在對方耳朵裡卻成了辱罵，愛的語言由此變成暴力語言，愛意也被曲解成無理取鬧——久而久之，愛情自然變質。其實，很多時候，人們之所以會用一些不恰當的言語來表達自己的關心，大多數是因為語言「情緒化」，所以無法正確表達自己的關心。

女人的語言能力天生就比男人要好得多，但若不加以節制，最後就會變成滿口的凶器，擁有十足的殺傷力。顯而易見，這樣的語言會在很大程度上傷害夫妻之間的感情。

相對於此，語言的裝飾功能卻有著加分的作用，每一個處在婚姻當中的人都應該學會替自己的語言上妝，讓自己的語言充滿濃情蜜意，讓你們的感情更加甜蜜。

當你下班的時候，如果發現屋子裡很熱，而愛人就在家裡卻沒有開窗，你應該這樣告訴她：「親愛的，妳不熱嗎？」然後親自去把窗戶打開。千萬不要直接劈頭就說：「這麼熱也不知道開窗。」

當你們一起做大掃除，兩個人都累得滿頭大汗時，妳不妨說：「親愛的，你好厲害喔，幫了我好多忙！」而不該說：「才一下子就累成這樣，你都不知道我平常一個人打掃多辛苦！」

你下班回家，她給你倒了杯水，你可以微笑著對她說：「妳真體貼。」家裡的馬桶壞了，他自己修好了，妳可以對他說：「你真是太能幹了，什麼都會！」

這些讚美性的言語，一定會讓你的愛人感到非常舒坦。

每個人都希望聽到讚美的語言，尤其是希望聽到另一半的讚美；因為對方的讚美表明了自己在對方心裡是優秀的、地位是重要的——多多發現愛人的優點並適時地讚美吧，你們的婚姻中將注入蜜糖，你們的生活將更加甜美。

總而言之，在生活中，每個人都應該裝飾自己的語言，避免出現那些語氣強烈且帶有攻擊性的語言。只有這樣，你們的愛情才不會被語言刺傷，你們的生活才會更加和諧。

建議，而不是命令

在現代家庭中，女性習慣以丈夫對自己的順從與否，來衡量自己在丈夫心中的地位，甚至以此來衡量丈夫愛自己的程度。為了維持家庭的和睦，越來越多的男性成了「妻管嚴」，在家庭生活中女性的地位越來越高，掌握了「決策權」，成為發號施令的人，有的人更因此經常對自己的丈夫用命令式的口吻說話。而這種語氣會一次又一次地傷害丈夫的自尊，最終很可能就成為婚姻崩毀的導火線。

但不論是新一代的「妻管嚴」還是傳統的「大男人」，如果你在家庭生活中總是擺出一副領導者的姿態，對自己的另一半頤指氣使，總是說「不能那樣做」、「要這樣做」，絲毫沒有商量的餘地，那就很容易引發「家庭革命」。特別是在對方心情不好的時候，更容易激發對方的怒氣。

張麗緹和丈夫結婚已經三年了，自從婚後，麗緹就成為家裡的「老婆大人」，總是對老公呼來喚去。

這一天，老公正在書房裡看書，麗緹在廚房卻一個人忙翻了天。眼看老公不過來幫忙已經讓她心頭火起，正好這時候醋偏偏又用完了，借著這股勁，麗緹跑到書房直接把老公的書一抽，大罵了起來：「你就只知道看書，沒看到我一個人忙不過來嗎？家裡沒有醋了也不知道，好像家裡都沒你的事一樣。」丈夫看了她一眼，沒有說話，伸過手去想把書拿回來。

麗緹看他那漫不經心的樣子，火氣又更大了，直接就把書扔在地上說：「快去樓下超市把醋買回來，我馬上要用，別在那邊摸了。」一邊說，還一邊把老公往外推。這下換麗緹的老公受不了了，轉過頭就和她吵了起來，甚至把以前的陳年舊帳都搬了出來。最後，飯也沒做成，兩人卻吵出一肚子的氣。

不論男女，每個人都是好面子、要尊嚴的，他們之所以會心甘情願地做

「妻管嚴」、「小女人」，是源於對另一半的尊重和愛，如果這一點退讓卻得不到對方的重視，婚姻就註定失敗。在家庭生活中，夫妻的地位應該是平等的，無論什麼樣的事情都應該有商量，不應該是上下階層的權力結構。

命令的語氣往往極具殺傷力，因為它是對他人人格的不尊重；相反地，採取「建議性」的語氣進行溝通就遠比命令式的語氣要來得有效。舉例而言，假設妳的另一半要買車，可是妳卻覺得沒有必要，這時候如果妳強硬地說：「就是不能買。」結果肯定會大吵一架；但如果妳能夠把自己的理由說出來，最後再加上一句：「這是我的建議，你覺得呢？」對方或許就會理智地思考妳的建議。

陶子昀和丈夫是大學同學，畢業兩年後結婚，兩人的感情一直都非常融洽，這或許可以歸功於子昀的「智慧」。

雖然這是一個「妻管嚴」的時代，但子昀沒有那樣做，她認為夫妻雙方都有獨立的人格，另一方無權干涉；對於老公的事情，她從來都不過多參與，更不會強橫干涉。

有一天，老公帶著一臉怒氣回家，子昀趕忙問他發生什麼事。原來，老公在公司裡與上司發生衝突，雙方大吵一架，子昀的老公信誓旦旦地說：「明天我一定要辭職！」但是那個時候，正好是年底，並不是辭職的好時機，再加上房貸的壓力，根本不容許老公就這麼辭職。

於是，子昀對老公說：「既然與上司發生衝突，在這家公司也不會有什麼前途了，辭職也是遲早的事。但現在正值年底，辭了之後，恐怕要等到年後才能找到工作；咱們還需要還房貸，現在辭職似乎不是個好時機。如果可以的話，我建議你明年年初再辭，反正離過年也不遠了，再堅持一段時間就好。當然，這只是我的意見，如果你實在無法忍受，那就辭吧，也不能委屈了自己。」

丈夫聽完子昀的話後，沉思片刻，覺得她的話很有道理，於是恨恨地說：「聽妳的，我就再忍一段時間。」子昀於是順著說：「那幹嘛還這麼生氣呢？」兩人相視而笑。

「命令」是上級和下級、長輩和晚輩之間的事，發號施令者必然是在地位上高於接受命令者；而在家庭婚姻中，夫妻雙方並不存在這樣的關係，如果你硬要把自己當成發號施令者，那就是人為地在夫妻之間架構一個級別上的差異，這對你的另一半來說是極端的不尊重。如果你經常發號施令，「愛」很快就會被消磨乾淨，取而代之的將是無休止的口角戰爭。

愛情並非無堅不摧，只有懂得維護的人才能長久地享受愛情的甜美。每一次的命令，都會在原本美好的愛情上留下一道傷痕，累積多次之後，愛情就會殘破不堪，最終煙消雲散；在家庭關係中，千萬不要去做那個發號施令者，嘗試用一些建議性的語句往往會更有效，讓言語發揮該有的作用，同時更能避免傷害彼此之間的感情。

對「愛」說聲「謝謝」

夫妻之間，彼此都在為對方付出，但很少有人會因此向對方說一聲「謝謝」。

在大多數人看來，夫妻之間的互相付出是天經地義的，即使對方的付出讓自己感動，也沒有必要刻意去說什麼；但事實上並非如此，夫妻之間雖然非常親密，但也不應該省去「謝謝」。很多時候，一句「謝謝」可以化解生活中的諸多矛盾，使得雙方的感情迅速升溫。

古人形容夫妻之間的生活，往往會用舉案齊眉、相敬如賓這樣的語言，也就是說，夫妻之間相處也應該「互相尊敬」、講究禮貌。「謝謝」正是一句禮貌性的用語，把它用在夫妻之間，往往能表達出更深層的感情。

在夫妻之間，一句「謝謝」是對對方付出的一種肯定，會讓他覺得自己的付出沒有白費，從而更加愛你。

潘秀蓮和朱綺玉是從小玩到大的好朋友，這天，綺玉和秀蓮聊天的時候，提到自己丈夫現在都不幫忙做家事了。剛結婚那陣子，他老公還會勤奮的做飯、洗衣、拖地，樣樣都幫；可是現在，天天都懶得動，一下班就往沙發上一癱。為了這件事情，兩人還大吵過好幾次，她現在很害怕會因為這些小事而影響到兩人的關係。

秀蓮聽完她的陳述後，告訴她說：「從今天開始，只要他幫妳做了什麼事，妳就一定要對他說一聲『謝謝』。相信我，只要這樣，很快妳就不用再為這個煩惱了。」綺玉雖然將信將疑，但還是決定照著好朋友說的話去做。

當天回家後，綺玉故意對自己的丈夫說：「老公，幫我倒杯水好嗎？我很渴。」他一邊不情願地去倒水，一邊說：「自己不會倒啊？」

綺玉接過老公手中的水後，露出一個大大的笑容說：「謝謝。」

就這麼簡單的一句話，她發現到，老公雖然嘴上沒說什麼，可是表情卻發生了變化。綺玉知道，「謝謝」發揮作用了。

從那之後，綺玉常常把「謝謝」掛在嘴邊，她的丈夫也不再像以前一樣什麼事都懶得做，偶爾也會開始幫忙負擔點家事。最後，兩人開誠佈公地談了一次，綺玉真心地對丈夫為這個家的付出說了句「謝謝」，兩人的感情一下子又回到了新婚的時候。

一句「謝謝」看似不起眼，卻能夠讓對方覺得自己的付出沒有白費。當你真心地向你的愛人道一聲「謝謝」的時候，他一定會非常感動，你們的關係也會因此而逐漸升溫；「謝謝」是夫妻感情的潤滑劑，能夠有效減少夫妻之間的摩擦，讓彼此都為對方的付出而感動，從而加倍珍惜對方。

人們總是把情人為自己的付出視為理所當然，很容易忽略對方的付出，然後斤斤計較對方的不足。所以，我們很少說「謝謝」，反而是不停地抱怨，叨絮地強調自己為家庭付出了多少，而對方卻沒有付出；如果雙方都認為自己付出得多而對方付出得少，就會覺得要求對方做那一點事情都是應該的！

王婷婷不顧丈夫的反對，毅然辭職經營服裝生意，她每天都忙著自己的事，家裡的事情根本就顧不來，做飯、洗衣、接送小孩放學上學，全都成了老公的工作。

一天晚上，婷婷拖著疲憊的身體回到家裡，丈夫提到，由於他要忙家裡的事情，所以好幾次上班都遲到。婷婷一聽，忍不住發起火來，大聲吼道：「這些年，你為這個家做過什麼？這些事情以前還不都是我在做，現在你只不過是做了這麼一下就開始抱怨，那我做那麼長時間，該找誰抱怨去啊！再說了，我做生意還不也是為了這個家！」老公選擇默默地聽她說，沒有與她爭吵。

又過了一段時間，她的生意終於步上正軌，空閒的時間也漸漸多起來，這時才猛然想起那天晚上的事情。她發現，自己那天是不對的，雖然丈夫有些抱怨，但他一直也在為這個家做事；這段時間裡，家裡的事情一直都是他在操心，自己不分青紅皂白地指責他，確實是有些過分。

到了晚上，婷婷真誠地跟丈夫說：「老公，謝謝你對我的支持，謝謝你在工作這麼忙的情況下還一直照顧家裡。你放心，從明天開始，我一定會跟你一起分擔。」老公沒有說話，而是把婷婷摟在懷裡，從丈夫的眼裡，她看到了許久未見的柔情。

在家庭中，每個人都分擔著一定的責任，都在為這個家庭做著貢獻，這個家庭少了誰都是不行的。對方的付出正是自己能夠安心做事的基礎；當對方做得不好的時候，或許代表他正被很多事情壓得喘不過氣，這時候你更不應該去抱怨對方，而應該看到對方的付出，向對方真誠地說一聲「謝謝」。「謝謝」，會讓對方覺得再苦、再累都是值得的，因為你看到了他的辛苦。在這種互相諒解中，生活才會越來越好。

夫妻之間就是這樣，只要你能夠懷著一顆感恩的心去看待自己的另一半，你就會發現，其實對方一直在為你、為這個家庭不斷地付出，當你意識到這一點的時候，你就會變得更寬容大度，不會再為一些小事而吵吵鬧鬧，夫妻關係也會更加融洽。

態變

作　　者　張文杰
發 行 人　林敬彬
主　　編　楊安瑜
責任編輯　陳亮均
助理編輯　黃亭維
內頁編排　蘇佳祥
封面設計　張依芬

出　　版　大都會文化事業有限公司　行政院新聞局北市業字第89號
發　　行　大都會文化事業有限公司
11051台北市信義區基隆路一段432號4樓之9
讀者服務專線：（02）27235216
讀者服務傳真：（02）27235220
電子郵件信箱：metro@ms21.hinet.net
網　　址：www.metrobook.com.tw

郵政劃撥　14050529 大都會文化事業有限公司
出版日期　2013年2月初版一刷
定　　價　250元
ISBN　978-986-6152-65-8
書　　號　Growth055

大都會文化
METROPOLITAN CULTURE
大都會文化

國家圖書館出版品預行編目(CIP)資料

態變 /張文杰著；
初版. -- 臺北市：大都會文化, 2013.02
256面；21×14.8公分

ISBN 978-986-6152-65-8（平裝）

1.成功法　2.生活指導

177.2　　102000423